Editado por Martin Winiecki

CONSTRUINDO FUNDAÇÕES
PARA UMA NOVA CIVILIZAÇÃO

Perspectivas para a Revolução Global
Textos de estudo da Escola Terra Nova

I0117306

A respeito do livro:
Este livro contém as últimas contribuições de Tamera
- Centro de Pesquisa para a Paz, em Portugal. Numa
altura em que os meios de comunicação se encontram
repletos de relatos de guerras e catástrofes, abre-se
um portal mental e espiritual para novas opções de
desenvolvimento: O nosso planeta, com as suas pessoas
e os seus animais, as suas paisagens e os seus corpos de
água; tudo é passível de ser curado, caso desejemos esta
cura com toda a nossa força de vontade e a colocarmos
em prática. Os artigos individuais são textos de estudo da
Escola Terra Nova. Por todo o mundo, grupos de pessoas
iniciaram o estudo destas ideias e começaram a difundi-
las nas suas redes sociais e círculos de amigos. Os grupos
trabalham juntos na criação de uma consciência global
de que uma mudança sistémica com tal profundidade é
possível, e estudam como tal mudança se pode realizar.
Este é um novo tipo de revolução sem precedentes. Um
novo impulso humano, livre de dogmas e aberto a todos
os que desejam juntar-se, abre agora caminho de forma
quase imperceptível.

ISBN 978-3-927266-48-3

© 2013, Verlag Meiga GbR, Primeira Edição

Título original: *Grundsteine legen für eine neue Zivilisation*
Designer: Juliane Paul
Tradução: Maria João Velez, Rui Braga, Meike Mueller, Inês
Subtil, Oriza Curado
Foto da Capa: (CC) by openwalls.com
Impressão: Lightning Source Ltd. UK/USA

Que objectivo despertaria o entusiasmo da humanidade?

Que visão inspiraria a humanidade a lutar pela sua sobrevivência e pela sobrevivência de todo o planeta?

Por que motivo a humanidade deixaria para trás todas as disputas, unindo forças para a materialização deste objectivo?

ÍNDICE

III BASE MATERIAL

IV APÊNDICE

ESCOLA TERRA NOVA.
REDE PARA UMA MUDANÇA GLOBAL DE SISTEMA
Prefácio do editor

O presente livro contém textos de estudo da Escola Terra Nova, uma rede global de educação fundada em Maio de 2013.

A Escola Terra Nova deverá converter-se num catalisador para uma mudança global de sistema. O projecto pretende fortalecer e unir todos os que queiram trabalhar por uma nova Terra, sem guerra nem violência.

Durante as primeiras semanas, recebemos diversos pedidos de inscrição e pareceres positivos vindos de todo o mundo. Os primeiros centros e grupos de estudo formam-se agora em mais de 30 países: na Europa e no Médio Oriente, na América do Norte e do Sul, na Ásia e na Austrália. Juntos, trabalhamos numa perspectiva para a cura do ser humano e da Terra. Queremos dar uma orientação humana à revolução global em que vivemos. Convidamos-vos a participar!

Neste livro fazemos um apanhado de algumas áreas centrais desta educação para a paz, com textos basilares da autoria dos principais professores da escola: Dr. Dieter Duhm, Sabine Lichtenfels e Bernd W. Mueller. Começamos com as fundações teóricas dos novos centros de paz e modelos para o futuro, resumidas no "Plano Global dos Biótopos de Cura". Este plano demonstra como e por que razão se poderia concretizar em relativamente pouco tempo um novo desenvolvimento da paz no nosso planeta, apesar da aparente supremacia dos actuais sistemas de violência. No seguimento dos textos relacionados com a fundação da Escola Global de Amor em Tamera, examinamos temas centrais da humanidade, tais como comunidade, sexualidade, amor e parceria. O livro termina com dois aspectos essenciais da estrutura ecológica de uma nova cultura: o conceito das Paisagens de Retenção de Água e a cooperação não-violenta com os animais e todas as criaturas.

A Escola Terra Nova é composta por grupos locais que estudam esta informação e a partilham com amigos, vizinhos e interessados, assim como através dos seus movimentos e redes sociais e políticas. Estes são círculos de aprendizagem e "células revolucionárias", que se encontram semanalmente para em conjunto aprofundar e trabalhar os conteúdos. No início de cada mês, os grupos recebem um pacote educativo com textos de estudo, palestras, vídeos e bibliografia recomendada sobre as áreas centrais. As ofertas mensais incluem transmissões online em directo de palestras e seminários a partir de Tamera. Adicionalmente, os grupos locais organizam encontros políticos, leituras, projecções de filmes e acções artísticas em diferentes cidades e países, para levar ao público novos pensamentos. Em conjunto celebram-se dias de acção, como por exemplo o Dia Global de GRACE, no dia 9 de Novembro e, anualmente, os grupos reúnem-se num encontro comum, juntamente com a comunidade global participante na educação. Os grupos e os participantes individuais já não trabalham sós, pelo contrário, reconhecem-se cada vez mais como parte integrante de uma nova comunidade planetária.

A Escola Terra Nova surgiu no Centro de Investigação para a Paz - Tamera, no Sul de Portugal. Tamera investiga aspectos fundamentais para a criação de uma sociedade pós-capitalista e implementa-os, na medida do possível, na forma de modelos. O projecto, fundado originalmente na Alemanha por Dieter Duhm, Sabine Lichtenfels e outros, baseia-se em 35 anos de trabalho de investigação interdisciplinar. Aqui as pesquisas sociais, espirituais, ecológicas e tecnológicas, são unidas numa forma de vida que é colocada em prática. Actualmente, cerca de 200 colaboradores e estudantes internacionais participam no desenvolvimento do projecto.

Na qualidade de geração jovem em Tamera, estabelecemos a Escola Terra Nova como uma cooperativa mundial, para todos os que se queiram juntar a este trabalho. Esta é a nossa resposta ao sofrimento indescritível que ocorre diariamente neste planeta.

A revolução global, que hoje irrompe em cada vez mais lugares, marca o colapso das sociedades actuais. Os protestos, da Primavera Árabe, de Istambul, até ao Brasil, já não são lutas por determinadas ideologias políticas, são antes o grito humano fundamental: "Basta! Acabemos com esta loucura!" Escutamos o clamor que vem de todas as partes do mundo.

A era do imperialismo terminou. O velho sistema encontra-se irremediavelmente em colapso – social, ecológico e económico. Começou na Terra uma nova fase de desenvolvimento. As novas forças da vida erguem-se contra as muralhas de uma era milenar de violência, em busca de um novo mundo. Apesar de toda a oposição, as forças da vida não podem ser detidas a longo prazo. Precisamos agora de uma perspectiva comum, de forma a desenvolver uma força pacífica mais forte que toda a violência.

Para isto o movimento necessita de locais nos quais a nova perspectiva seja desenvolvida e demonstrada. Isto poderá iniciar-se com a divulgação de pensamentos e ideias, através da promoção dos livros e textos correspondentes, e através da organização de eventos. Os interessados reunir-se-ão em grupos de estudo e, com o passar do tempo, darão origem a comunidades. Os grupos gerem livrarias especializadas, cafés, centros culturais, terrenos com Paisagens de Retenção de Água, e até Universidades Modelo ou Biótopos de Cura completos. Estes prenunciam uma futura sociedade de paz. Aqueles que trabalham para a Terra Nova, seguem com crescente dedicação determinadas directrizes éticas tais como a verdade, o apoio mútuo e a participação responsável no Todo. Estas são regras básicas para uma cultura humana, e são válidas tanto na área ecológica e social como nas questões mais íntimas da sexualidade, do amor e da parceria. Desta forma, o referencial interior de cada indivíduo é transferido da matriz do medo e da separação para a matriz da confiança e da cooperação. Através de mudanças internas e das correspondentes acções externas, os participantes do movimento planetário irão recuperar o poder positivo de acção, que tinham antes entregue à sociedade e ao Estado. Os novos revolucionários já não trabalham em reacção a um sistema em colapso; em vez disso, trabalham rumo à nova realidade, à qual dão vida através das suas mentes, do seu espírito, do seu coração e das suas mãos. A mudança de sistema já se encontra em curso, caso cooperemos devidamente uns com os outros.

Talvez possamos comparar a transição para a nova era com a transformação da lagarta em borboleta. Do tecido do velho organismo forma-se outro completamente novo. Tal como a borboleta já vive na lagarta, como uma entidade superior inerente, assim vive a Terra Nova, a nova Terra, como potencial oculto já existente, tanto neste mundo como dentro de nós. A vida tem uma capacidade tremenda de auto-cura. Esta capacidade encontra-se dentro de cada organismo vivo, mesmo nos que se encontram gravemente feridos. Quanto mais nos tornarmos capazes de percepcionar este potencial de cura e de o incorporar nos nossos pensamentos e acções, ao invés de nos focarmos em falhas ou defeitos momentâneos, mais eficazes os poderes de cura se poderão tornar, catalisando um ponto de viragem. A seguinte tarefa destina-se às forças de paz presentes na Terra: Encontrem os pensamentos, as palavras e as imagens, que activem a visão de um mundo novamente curado! A Escola Terra Nova coloca-se ao serviço deste trabalho. Aguardamos com entusiasmo por toda a colaboração vindoura.

Em nome do amor por tudo o que vive.

Martin Winiecki
Tamera, Portugal, Julho de 2013

I TEORIA DA CURA GLOBAL

TERRA NOVA
Projecto por um mundo livre

Dieter Duhm, 2013

A sociedade actual encontra-se em colapso devido a contradições interiores que já não podem ser solucionadas através de meios convencionais. O ser humano é um "Zoon Politikon" – um ser social e, como tal, está sujeito às leis da sociedade. Simultaneamente, de acordo com a sua natureza física e espiritual, este é um membro da biosfera e como tal está sujeito às leis da vida orgânica. Se estes dois conjuntos de leis se contradizem, a doença, a criminalidade, a violência e a guerra emergem. Hoje, presenciamos um culminar planetário desta contradição. Presenciamos uma epidemia global de doença e de violência. A humanidade organizou-se incorrectamente, ela estabeleceu uma forma de vida que não está de acordo com as leis da vida.

Atingimos um limite apocalíptico para além do qual a sobrevivência não é possível. Para superar este beco sem saída não necessitamos de mega-cidades, nem de triliões de dólares em tecnologia para uma colonização marciana, apesar desta investigação nos conduzir a resultados interessantes. Como alternativa, necessitamos de conceitos inteligentes para uma nova existência na Terra. Não precisamos de reformas, mas de uma nova direcção na evolução humana. Encontramo-nos no início da maior revolução da história.

Esta nova direcção requer a integração da vida humana nas leis básicas do Universo e da Terra. Aqui, incluem-se leis éticas, sociais e "biotópicas". Toda a

15

violência que infligimos às demais co-criaturas volta a nós sob a forma de doença ou insanidade. A civilização futura é desprovida de toda a crueldade. Plantas e animais são parceiros de cooperação na evolução da biosfera que juntos experienciamos. No projecto de Tamera, temos trabalhado nos últimos 18 anos para a implementação prática destes pensamentos. Em novas áreas de investigação ecológica, tecnológica e social, procuramos integrar o nosso mundo humano no mundo mais elevado da Vida. Acima de tudo, trabalhamos em paisagens de retenção para a cura da água, e em novos sistemas sociais para a cura do amor. Milhões de crianças encontram-se hoje perdidas e desamparadas fruto das relações destruídas dos seus pais. São infinitas as tragédias humanas causadas por desejos não realizados e por relações amorosas falhadas. Para o terminar da guerra secreta entre os sexos necessitamos de uma nova ordem ética e social, e de uma nova visão sobre o amor. Para a cura do amor, assim como para a cura da água, as estruturas existentes – usadas para aprisionar estes poderes – precisam de ser superadas e substituídas por formas orgânicas. A ecologia da nova Era consiste numa cooperação não-violenta com a natureza e todos os seres. A tecnologia da nova Era não será mais baseada na quebra de resistência (explosão) mas na ressonância com os poderes da natureza. A água demonstra um poder de auto-cura surpreendente quando permitimos que esta flua naturalmente, ao invés de a forçarmos a percorrer canais artificiais. A natureza trabalha em todas as áreas com tecnologias inigualáveis. Esta contém poderes de cura imanentes com os quais pode sobreviver e regenerar-se, mesmo após as maiores devastações. Isto aplica-se tanto à cura do corpo humano como à cura de toda a biosfera. A força vital interior da natureza mostrou-se no nosso projecto, no sul de Portugal, onde fomos capazes de transformar uma paisagem semi-desertificada num paraíso de plantas e animais, recorrendo à construção de áreas para a retenção de água. Ainda hoje, tais possibilidades de cura local são bloqueadas pelas práticas de globalização, frequentemente recorrendo ao uso de força militar. Experienciamos hoje uma guerra global entre os poderes da Vida e as forças de destruição. Os poderes da Vida irão vencer se todos os que hoje trabalham pela paz, por todo o mundo, virem uma Utopia Concreta; e se a indignação do mundo for conectada à grande concepção de uma nova Terra. Se a vida vencer, não haverá vencidos.

As fomes e os desastres naturais são na sua maioria uma consequência da gestão danosa levada a cabo pelo ser humano, que é em si causada pelas políticas dos bancos, empresas e sociedades secretas. Porém, o seu tempo já passou. A época da globalização capitalista não pode ser continuada sem um derrame de sangue inimaginável e sem a destruição massiva da natureza, facto este que os bancos e as corporações têm em perfeita consciência. Os seus Illuminati deveriam considerar se ainda querem mudar de lado atempadamente. A busca global por uma alternativa tem agora de incluir as Leis da Vida e tem de reconhecer que os animais, mesmo aqueles que são criados para abate ou pelo seu pêlo, têm coração e alma. Aqui encontra-se a mais profunda mudança de sistema: a mudança de um mecanismo assassino para um sistema de ajuda compassiva, não apenas no sentido da Caridade Cristã, mas no sentido da ordem cósmica à qual chamamos "Matriz Sagrada".

Água, alimento e energia estarão gratuitamente disponíveis a todos os seres humanos, caso sejam produzidas de acordo com as leis da natureza e não de acordo com as leis do lucro. As capacidades produtivas da natureza são quase infinitas, e possibilitam também possibilidades quase infinitas para a auto-suficiência. Na mudança de sistema, da lei do lucro para a lei da vida, não se trata de uma questão ideológica mas de uma questão de sobrevivência colectiva.

Toda a vida e todas as comunidades naturais da vida encontram-se organizadas de acordo com o padrão da Matriz Sagrada. Todos os seres estão ligados através de uma Matriz interior, que ao nível das relações humanas se expressa na forma de confiança, solidariedade e apoio mútuo. Estas qualidades interiores também se aplicam entre os seres humanos e as demais criaturas da Natureza. Terra Nova, a imagem de uma nova Terra, retrata uma civilização humana que mantém uma relação de confiança e solidariedade para com as civilizações dos reinos naturais que a rodeiam.

O mundo humano precisa de uma nova informação. Deste há milhares de anos, este tem sido guiado pela informação da guerra e da violência. As diferentes nações perseguiram e aniquilaram-se mutuamente. Todos os Estados actuais originam de uma história de sangue derramado. As dores que aqui foram sofridas são demasiado cruéis para serem descritas. Estas foram transmitidas século após século. Esta cadeia diabólica deixou feridas deploráveis no corpo colectivo da humanidade. Todos sofremos de um trauma global, que na nossa alma colectiva cravou imagens e medos obscuros. O trauma será repetido de geração em geração até que as suas causas sejam compreendidas e removidas. Muitas tentativas de renovação, apelos à paz e projectos alternativos, falham devido à muralha colectiva que se formou, ao longo de milhares de anos, no interior do ser humano. É a muralha do coração que se fechou. A missão dos novos centros consiste em superar este trauma histórico, abrindo esta muralha traumática ("armadura corporal") e transformando o holograma do medo no holograma da confiança. Para que isto seja bem sucedido, é necessário inverter um interruptor global. O interruptor que até hoje activou a informação da violência e da guerra tem agora de ser invertido e orientado para a informação da confiança e da cooperação.

Isto não acontece apenas por via de orações, mas através do planeamento e manifestação concretas de um novo mundo. Temos de decidir de que lado nos colocamos. Nós decidimos a informação que é enviada para o mundo nas nossas casas e jardins, nas nossas instalações para a água, no alimento e na energia, nas nossas relações amorosas e parcerias, e nos nossos sistemas políticos e sociais. A implementação dos novos centros é uma decisão colectiva de seres humanos que se encontram conscientes da situação actual e que consequentemente escolhem inverter o seu interruptor interior na direcção da vida: isto é, na direcção da solidariedade e da cooperação, da verdade e da confiança – até mesmo no amor. Quanto sofrimento e violência foram desencadeados por mentiras no amor! Não poderá haver paz na terra enquanto houver guerra no amor. Nada foi tão afectado pelos danos traumáticos como as áreas do amor e comunidade. Fruto da perda de comunidade, a humanidade perdeu a sua fonte de ética. Para a recuperação dos seus valores originais, tais como verdade, solidariedade e confiança, precisamos de comunidades funcionais. Construir comunidades funcionais de confiança é uma das mais elevadas e mais difíceis metas da revolução de hoje em dia.

A nova civilização irá emergir através de uma rede de novos centros que se encontram todos conectados com as leis da ordem universal da vida. Nesta conexão, opera uma onda portadora da criação do "campo morfogenético". Por todos estes centros se relacionarem com a mesma ordem, a Matriz Sagrada, todos adquirem a mesma informação da base de dados cósmica, necessária à concretização dos passos para uma nova época. Assim que a onda-portadora mental/espiritual se estabelece, o processo do campo morfogenético actua por si próprio. Um novo campo global está em formação. Este espalha-se pelo subterrâneo, tal como o micélio de um fungo, e gera uma nova força com o poder de irromper através da camada de asfalto. O resultado deste novo processo histórico é fácil de observar: por todo o mundo surgem as novas células – os jardins e as paisagens de retenção de água, as escolas e as bibliotecas, as universidades-modelo e os Biótopos de Cura, que espalham a mensagem de uma nova vida. A humanidade está suficientemente madura para esta transição. A Primavera Árabe tornou-se numa revolução global que encontrou a sua meta grandiosa e humana. Aqui não reina a violência, mas a solidariedade de uma nova comunidade planetária.

Internacionalmente, estamos a trabalhar para a construção Biótopos de Cura globais. O "Campus Global" é uma universidade internacional com campus em diferentes países, onde os pensamentos básicos e os objectivos do nosso trabalho serão ensinados e manifestados. No centro do presente trabalho encontra-se a escola de paz Tamera, situada no sul de Portugal. Precisamos de financiamento para a continuação do nosso trabalho. Rumo a uma cooperação frutífera!

Em nome do afecto por todas as criaturas.
Em nome de todas as crianças do Mundo.
Em nome do Amor.

CAMPUS GLOBAL
Uma declaração dos pensamentos e objectivos básicos

Dieter Duhm, 2012

O que é o campus global?
O Campus Global é uma plataforma de educação mundial para um futuro sem guerra e para o desenvolvimento de modelos adequados a esta tarefa. A estação-base para o Campus Global está localizada no Centro de Pesquisa para a Paz de Tamera, em Portugal. As pessoas e projectos envolvidos decidiram colaborar a um nível global, uma vez que entendem a necessidade de modelos de paz globais e estão comprometidos a torná-los realidade. No Centro, o desenvolvimento de modelos de paz, adaptado às diversas condições regionais, é ensinado e pesquisado. Os participantes do Campus Global afirmam as ideias e objectivos básicos que são descritos nas secções seguintes.

O Campus Global está a desenvolver uma rede de centros autónomos que seguem um código ético, social e ambiental comum. No centro do trabalho de cura global está uma nova aliança entre os seres humanos e todas as co-criaturas. A ideia de que a paz exterior pode apenas ser alcançada quando realizada no interior de cada pessoa, é uma ideia pioneira. O projecto orienta-se tanto na teoria como na prática de acordo com as seguintes directrizes:

- Realinhamento do mundo humano com um mundo de ordem superior da vida e da Criação.
- Cooperação não-violenta com todas as co-criaturas. Não-violência em relação aos animais.
- Cura da água através do desenvolvimento de "Paisagens de Retenção Aquática".

- Desenvolvimento de permacultura e auto-suficiência no abastecimento de comida, usando como base as "Paisagens de Retenção Aquática".
- Retirada da indústria petrolífera. Desenvolvimento de sistemas energéticos autónomos.
- Estabelecimento de economias de subsistência descentralizadas.
- Estabelecimento de comunidades funcionais.
- Ética da verdade, apoio mútuo e participação responsável.
- Fim da guerra entre os sexos e de toda a humilhação sexual.
- Verdade no amor: o fim da traição entre parceiros.
- Não à vingança: GRACE* em vez de retaliação.

Estas são as directrizes para a sociedade mundial vindoura, com as suas novas universidades e estabelecimentos. Com estes um nova ordem planetária será criada, na qual todas as criaturas do planeta estarão ligadas umas às outras – pois esta ordem está de acordo com a ordem mundial, que chamamos de "Matriz Sagrada".

Durante as peregrinações internacionais, entre 2004 e 2008, Sabine Lichtenfels e Benjamin von Mendelssohn desenvolveram a ideia de uma universidade global, na forma de um Campus Global. O princípio orientador foi a ideia de GRACE: mudar do padrão da raiva e do ódio para um padrão de compaixão humana e solidariedade. As peregrinações tiveram lugar em Israel, Palestina, Colômbia e Portugal. Sabine Lichtenfels es-

---

* GRACE - termo utilizado por Sabine Lichtenfels para nomear uma ética de paz baseada na reconciliação. Neste livro será utilizada a palavra em inglês por uma questão de coerência com a linguagem desenvolvida em Tamera.

creve: Fui guiada pela questão de como um futuro sem guerra pode ser alcançado. Descrevi a ética e a filosofia do Campus Global no meu livro "GRACE. Peregrinação para um Futuro Sem Guerra". Enquanto os estudantes aprendem a percorrer o caminho em nome da GRACE, a ver e a compreender os conflitos básicos em diferentes áreas da terra, eles aprendem a pensar de uma forma compassiva e global. Eles também reconhecem que um conflito que se tornou global apenas pode encontrar solução quando abordado a um nível holístico. No Biótopo de Cura I de Tamera, em Portugal, surgiu um centro de pesquisa para as forças de paz internacionais. Aqui, conhecimento ecológico, social, tecnológico e humano está a ser recolhido para a realização de modelos reais de vida para a paz. Tamera está em cooperação com comunidades de paz e trabalhadores para a paz comprometidos em todo o mundo. Foi desenvolvido um curriculum através do qual os estudantes podem estudar as bases para uma nova cultura. Tamera é uma estação-base para o Campus Global.

Têm-se estabelecido desde então em vários países grupos e projectos que se orientam de acordo com os pensamentos fundamentais do Campus Global. Desde centros na Colômbia, México, Brasil, Israel-Palestina, incluindo alguns grupos do Movimento Anastasia na Russia, até novos centros em Portugal e na Suíça, está a formar-se uma rede global para uma Terra livre. Que uma globalização de paz, mais forte que toda a violência, possa emergir da coerência mental-espiritual de todas estas forças. Sabine Lichtenfels escreve: Agradeço a todas as forças que ajudaram a tornar realidade esta rede global e que ajudarão no futuro. Que a família cósmica cresça na Terra, que nos reconheçamos e dotemos uns aos outros com poder e esperança, mesmo em tempos de turbulência. Que nos recordemos sempre que forças poderosas de cura estão ao nosso lado, quando nos abrimos a elas. Existe algo em todos nós que nos quer fazer relembrar a nossa própria forma íntegra, como indivíduos e como humanidade. É o Ponto de Deus (Ómega) interno em todos nós, o tesouro interior, que quer agora ser revelado em nós numa grande e partilhada acção planetária.

Por que deve existir um projecto como este?

Nós olhámos para os destinos horríveis dos indivíduos e dos animais no mundo globalizado. Quem teste-munhou esta realidade, não consegue mais retornar à sua rotina diária. Os fundadores do projecto agiram a partir da compaixão. A mesma compaixão imediata que observamos nas crianças e que, todos nós, outrora possuímos, e que nunca deveria ser perdida. Pelo contrário, esta compaixão deveria crescer, de forma contínua, até encontrarmos uma solução capaz de acabar com o sofrimento. Há 34 anos atrás (em Maio de 1978) o projecto "Bauhütte", que eventualmente viria a dar origem ao projecto de Tamera e ao plano para o Campus Global, foi oficialmente criado na Alemanha. A extensão da violência global exige métodos de trabalho de paz que se estendam muito além dos slogans habituais. Até aos dias de hoje, os co-trabalhadores deste projecto tiveram que ter um compromisso pessoal elevado. Por quê esta mudança radical?

Para se ir directamente ao assunto: Enquanto existir um única criança faminta, um único animal torturado, uma menina africana circuncisada, uma mulher vio-lada, uma única pessoa discriminada pela sua fé, um jovem forçado a ir para a guerra – o nosso mundo não está em ordem. É definitivamente a nossa tarefa libertar o mundo desta dor atroz. Poderemos sempre dizer que isto é uma utopia. Contudo, assim que os nossos olhos se começam a abrir, assim que vemos o sofrimento das vítimas, assim que nós próprios nos tornamos um destes seres torturados, só pode existir um único clamor: o grito para que esta dor termine.

Actualmente, estamos a experienciar uma situação histórica: o colapso dos velhos sistemas. A evolução humana atingiu globalmente um beco sem saída. Os valores fundamentais de comunidade, verdade e solidariedade têm sido perdidos numa longa história de milénios de guerra, e mais recentemente através dos meios utilizados pela globalização capitalista. As consequências deste desenvolvimento precário são tão cruéis para as vítimas de cada continente que tivemos que fechar os nossos olhos. A população da Terra vive sob a hipnose do medo e da violência.

Podemos ultrapassar esta crise dando ao desenvolvimento futuro uma nova direcção. Não se trata mais de lutar contra os sistemas vigentes, que irão colapsar por si próprios. Trata-se muito mais de conhecer as novas direcções e de criar as estações-base planetárias para que estas se realizem. A data de 21 de Dezembro de 2012 no calendário Maia, não representa o fim do mundo, mas o início de uma nova era. Os milhões de jovens em todo o mundo que se revoltam contra as velhas estruturas precisam agora de uma nova resposta e uma nova perspectiva. Ninguém terá que passar fome no nosso planeta, se soubermos usar a sua abundância de forma sábia. Comida, água e energia estarão livremente disponíveis para toda a humanidade assim que desenvolvermos as estruturas apropriadas:

estas são estruturas que não estão mais orientadas para o poder ou o lucro, mas para o interesse da vida comum a todos os habitantes da Terra – incluindo todos os animais. Nós não podemos esperar até que os governos tomem as decisões necessárias. Somos nós próprios que as temos de tomar. Os co-trabalhadores do Campus Global estão a desenvolver novos conceitos de co-habitação com a natureza, juntamente com animais e plantas. Eles estão a estabelecer novos projectos para a cura da água, para criar biótopos de alimento e novos modelos descentralizados de abastecimento energético. E, sobretudo, eles trabalham em novas formas de vida social incluindo as esferas mais íntimas do sexo, do amor, da parceria e da comunidade. A Terra precisa de humanos que não digam apenas o que é necessário, mas que o realizem. Vera Kleinhammes, a coordenadora actual do Campus Global em Tamera, escreve: *"Se globalmente os jovens aprenderem a criar comunidades, a resolver os conflitos, a resistir de forma não-violenta; se ganharem um conhecimento sólido tanto na área do amor, sexualidade e parceria, como nas questões de sustentabilidade ecológica e de novas tecnologias energéticas, da produção de alimentos, da cura, da criação de redes e do jornalismo de paz, então a necessária globalização da paz será realizada. Nesse momento seremos capazes, como seres humanos, de orientar a actual transformação global numa direcção positiva."*

Comunidade

Uma tarefa central do nosso tempo é a construção de comunidades humanas funcionais. A crise geral actual resulta da relação entre os humanos. Aqui estão assentes os pontos chave para a guerra e a destruição –

ou para a cura. Uma das mais importantes fontes para a produção de energias e informações, negativas ou positivas, é a forma como as pessoas se tratam umas às outras. Especialmente neste ponto, na esfera dos medos e conflitos escondidos, um novo rumo tem que ser estabelecido, as guerras latentes terminadas e os campos de minas psicológicos desactivados. Os assuntos centrais estão situados nas áreas do sexo, amor, parceria e comunidade. Os vários novos grupos e projectos que actualmente procuram uma nova orientação na vida, apenas encontrarão a tranquilidade caso tiverem encontrado uma nova perspectiva nesta área central da existência humana. As questões mais íntimas da vida não são mais problemas privados, mas questões colectivas da humanidade.

As comunidades que juntas formarem o Campus Global seguem determinadas directrizes éticas para a sua vida comunitária: verdade na comunicação, até no amor; apoio mútuo; participação responsável; não abuso de poder; prontidão para a auto-transformação; compreensão em vez de julgamento; graça em vez de vingança; solidariedade com todos os seres da natureza; e não-violência para com os animais. É apenas possível obedecer realmente a estas regras básicas se todos os participantes estiverem predispostos a uma mudança intensiva nos seus hábitos de vida privados, porque todos nós aprendemos a mentir e a enganar de forma a conseguir atingir certos fins em sociedade. Mas agora, têm de ser estabelecidas comunidades onde a mentira e o engano deixem de possuir qualquer vantagem evolucionária. Precisamos de novas estruturas sociais, sexuais, económicas e mentais-espirituais, onde a verdadeira confiança possa emergir. Confiança entre humanos e confiança entre todas as criaturas. A frase

de Lynn Margulis vai de encontro a esta ideia: *"Se quiséssemos sobreviver à crise ecológica e social que causámos, teríamos de nos envolver radicalmente em novas e incríveis iniciativas comunitárias."*
As comunidades futuras não serão mais baseadas em ideologias colectivas, mas em percepções profundas e decisões individuais. Não deveremos carregar crenças como um porta-estandarte, mas sim trabalhar através dos pensamentos e compreendê-los. A participação nestas novas comunidades não é um processo de conformismo com o exterior, mas sim um processo de "individualização". A autonomia individual, integrada numa comunidade positiva, não conduz à anarquia mas antes à participação. Uma nova cultura do amor, de sexualidade livre e de parcerias duradouras são os resultados ao seguir estas regras éticas básicas, assim que estas são adoptadas pelo eu-interior.

Numa nova comunidade, novas formas de co-habitação não-violenta irão desenvolver-se entre os seres humanos e a natureza e entre todas as outras criaturas. Todos os seres – humanos, animais, plantas e seres espirituais – são parte da comunidade. Todos tomam parte dos campos de cura energéticos, que são desenvolvidos em comunidade. A partir daqui novos centros para um futuro sem guerra irão desenvolver-se – nós chamamos-lhes "biótopos de cura".

A cura das águas
Quem possuir o segredo da água, possui o poder.
Viktor Schauberger

A nova sociedade global precisa de novos meios de gestão da água. A água é a essência da natureza tal como o amor é a essência do ser humano. Ambas as áreas foram distorcidas por campos de informação falsos. A cura do trauma na água e a cura do trauma no amor são dois caminhos básicos rumo a uma nova terra curada. Se formos bem sucedidos em acabar com a catástrofe da água, a catástrofe da fome chegará também ao fim, porque uma gestão natural da água é a base para um abastecimento de alimentos global. Uma grande parte da população mundial vive numa pobreza indescritível. A miséria da fome não é causada pela natureza, mas pelo homem através de uma gestão da terra na base da exploração e uma gestão catastrófica da água, em nome de interesses económicos. Estes são erros do sistema, que podem ser ultrapassados com uma mudança de sistema que abranja todos. Esta é a razão do nosso trabalho: criar modelos para esta mudança de sistema global.

De forma a curar o ciclo da água, a uma escala global, precisamos das intituladas Paisagens de Retenção Aquática. Estas são áreas que foram desenhadas de acordo com os princípios de cura da paisagem e que são capazes de reter toda a água da chuva onde ela cai. A água da chuva infiltra-se lentamente no corpo da terra, enche os reservatórios de águas subterrâneas e reaparece limpa nas nascentes. Desta forma, não regressa aos rios e à circulação global como água suja transportando os produtos da erosão, mas sim como água fresca de nascente. As comunidades têm agora água limpa, energeticamente rica e potável. Uma nova forma de permacultura desenvolve-se ao longo das margens destas paisagens aquáticas, com uma diversidade natural de alimentos, como árvores de fruto, framboesas, rabanetes e outros produtos regionais: um biótopo rico que não necessita irrigação.

Uma mudança miraculosa na natureza, um mundo luxurioso animal e vegetal em crescimento começa a emergir diante dos nossos olhos. Começamos a aprender e compreender de novo a beleza e os poderes da vida que a natureza cria assim que lhe oferecemos o nosso apoio.

Muitos movimentos ecológicos e sociais dos nossos tempos, como o movimento Anastasia na Rússia, poderiam cooperar na cura da terra caso desenvolvessem duas coisas: um conceito social para Eros e comunidade, e um conceito ecológico baseado em paisagens de retenção aquática e de cura da paisagem. Esta nova forma de gestão da água serve especialmente a cura da paisagem e a cura do ciclo hidrológico, de forma a permitir um re-colonização da terra. O êxodo rural na era industrial deixou para trás vastas áreas de terra não-cultivada e conduziu a uma explosão populacional desastrosa nas cidades e metrópoles. Este processo fatal tem que ser revertido se a humanidade quer sobreviver. Muitas pessoas têm que regressar à terra, porque se nós soubermos como cultivar de uma maneira inteligente, tudo o que nos é necessário para ter uma vida boa virá.

As áreas descentralizadas de retenção da água da chuva podem ser uma chave para o redesenho global da terra. Assim que a palavra se espalhar, milhares de novos grupos mudar-se-ão para o campo, para aí construírem as suas economias de subsistência. O recultivo orgânico de zonas áridas (como é o caso de Negev, Portugal, etc.) pode agora ser alcançado com um nível de eficácia muito maior – e com muito menos esforço técnico. Isto conduzirá a uma re-vegetação extraordinária de áreas abandonadas e desertificadas da terra, porque a natureza irá apoiar estes processos de cura com todo o seu poder. Água e alimentos estarão então realmente disponíveis para todos os seres vivos. Países pobres poderiam desenvolver sistemas de alimentação auto-suficientes, que os libertariam do despotismo dos mercados globais. Todos estes grupos, que não encontram hoje mais nenhuma perspectiva na vida urbana, poderiam participar activamente neste processo. Em breve, um modelo regional interessante poderia desenvolver-se em Portugal: "1000 Lagos para o Alentejo". Se algo assim for criado, as estruturas políticas e económicas de poder mudariam instantaneamente, porque novos modelos demonstrariam como é fácil sair do domínio dos velhos sistemas e dos regulamentos da UE. De forma a conseguir realizar mudanças tão abrangentes de uma forma que promova a cura, estas têm que estar conectadas com as condições sociais e éticas que foram descritas neste manifesto.

Cura do amor
Não pode haver paz na terra enquanto houver guerra no amor.

O amor segue leis similares às da água. Onde quer que estas leis sejam seguidas a felicidade desenvolver-se-á; onde quer que sejam quebradas a violência surge. A violência global é resultado do facto de que, durante milhares de anos, as regras do amor não puderam ser seguidas. A humanidade dos dias de hoje vem de uma história de vários milhares de anos de guerra que deixou um trauma colectivo em todos nós. Aqui nada foi mais severamente ferido que o amor.

O Amor, amor sensual e amor de alma, é o tópico global mais importante. A sexualidade é um poder mundial. A era cultural dos nossos tempos falhou devido ao amor destruído e ao sofrimento sexual. Em quase todos os lugares onde antes existia amor, a violência e o ódio desenvolveram-se. Os manifestantes e a polícia que se estão a enfrentar uns aos outros, globalmente, poderiam ser amigos. Os habitantes da aldeia da paz de San Josécito, na Colômbia, e os seus inimigos nas forças paramilitares, poderiam ser amigos. Palestinianos e israelitas, descendentes de Ismael e Israel, poderiam ser amigos, se a sua natureza amorosa não tivesse sido destruída por ensinamentos religiosos e políticos insanos. O aspecto masculino da humanidade foi contra os mandamentos do amor e da sexualidade, usando para isso os mandamentos da igreja, do estado e da economia. Onde os mandamentos do amor são feridos através da traição e da violência, o medo da separação desenvolve-se, assim como a desconfiança, o ciúme e o ódio. Não se consegue mais amar. O coração fecha-se de uma vez por todas; começa-se a odiar o que antes se amava. Luta-se contra um mundo que se poderia também abraçar. Todos aqueles que já não conhecem o poder do amor escolhem o poder da destruição. Foi assim que se desenvolveram as ondas de violência que têm varrido a terra durante milhares de anos. Em grande medida, a civilização existente baseia-se na raiva e na desilusão no amor. Esta não é uma simplificação ingénua mas a fundação trágica de uma era que falhou.

Os novos campos de poder para uma terra curada são o resultado de uma alegria redescoberta pelas pessoas, que encontraram uma nova forma de amor e solidariedade e cujas crianças recuperaram um lar estável para as suas almas. O trabalho de paz no mundo exterior só pode ser bem sucedido, a longo prazo, se estiver ligado com o trabalho de paz no mundo interior.

Tentemos, portanto, desenvolver novos modelos de vida que sejam baseados na alegria e no amor realizado: modelos onde o Eros esteja sem dúvida conectado ao amor, e por isso nenhuma mentira e maldade se podem infiltrar mais. No Eros assenta a chave para o inferno ou a chave para o céu. Não nos devemos continuar a arriscar com esta dádiva dada a nós pela Criação. O Campus Global construirá espaços de retenção para a água – e espaços de retenção para o amor.

Cultura sexual humana

Uma cooperação com os espíritos da natureza que se encontre livre do medo é livre da violência. Uma cooperação com os espíritos da natureza que se encontre livre da violência é livre do medo. Para estabelecer uma relação não-violenta com a natureza, temos também de estabelecer uma relação saudável com a nossa própria natureza. Isto é especialmente verdade para o tópico da sexualidade. Com a visão geral que alcançámos sobre os impulsos interiores da nossa existência terrestre, podemos formular de maneira determinada o seguinte: A luta histórica do homem contra a mulher foi uma luta contra a sua própria natureza sexual. Uma nova cultura humana deriva de uma nova relação entre os sexos e de um novo uso ético e socialmente responsável dos nossos poderes sexuais. Um ser humano que é sexualmente liberado, capaz de amar e consciente, não assassina a vida. Assim que o trauma histórico da opressão sexual e da opressão das mulheres for resolvido, as causas do sofrimento horrível dos povos, crianças e de todos as co-criaturas serão também solucionadas.

Enquanto tivermos de esconder e distorcer o nosso poder elementar, tal como fazemos com o desejo sexual, causamos distúrbios energéticos no sistema da vida. A supressão de uma atracção sexual entre géneros e a repressão da nossa própria sexualidade não servem a cura. Tal como também não serve a cura mantermos relações secretas, negando-as depois diante dos nossos parceiros. Nem serve a cura seguir uma poligamia indiscriminada em nome de uma "sexualidade livre" mal compreendida, e nunca fazer sexo com crianças. O mundo precisa de uma nova cultura sexual humana, que seja baseada na verdade e na confiança e que possibilite a todos os participantes encontrarem-se de novo uns aos outros em plena alegria. E o mundo precisa de uma vida erótica que esteja fortemente ligada ao espírito da Matriz Sagrada e que, por isso, libere todos os participantes do medo crónico da perda. Uma cultura sexual humanizada é baseada na sexualidade livre, que não consiste numa decisão ideológica entre monogamia e poligamia, mas numa liberação da sexualidade da hipocrisia e mesquinhez. A sexualidade livre e a relação de parceria nunca se excluem uma à outra. Neste ponto, enfrentamos a situação histórica do desenvolvimento de um verdadeiro novo conceito de amor. A sociedade planetária vindoura desenvolverá uma cultura erótica onde a atenção sexual de uma pessoa por outra não provocará mais nenhum medo, ciúme ou ódio numa terceira pessoa. (Tamera tem tido, parcialmente êxito em tornar tamanha possibilidade da vida visível).

A aliança sagrada da vida e cooperação com todos os seres da natureza

Os campos de informação da cura desenvolver-se-ão a partir de uma nova cooperação entre todos os seres da natureza: os seres físicos e os não-físicos também. Além dos métodos convencionais, uma cooperação amorosa pode também ser estimulada por medidas mais intensivas, como o estabelecimento de um santuário dos animais, um jardim da paz específico (Eike Braunroth), o assentamento de pedras, templos na paisagem, locais de poder espiritual, padrões de cristais e equipamentos tecnológicos para o reforço e disseminação de novos campos. A ressonância com os pensamentos e acções do ser humano é sempre importante neste ponto. Os pensamentos que aí se encontram em vigor são os que Sabine Lichtenfels apresenta repetidamente nos seus ensinamentos o conceito de "Utopia Pré-histórica": a relação interior entre todos os organismos vivos, o significado curativo associado às cobras, sapos, corujas e muitos outros animais, os símbolos vivos do sistema energético espiritual e cósmico. Tudo isto é parte da grande orquestra cósmica. Todos eles tomam parte com entusiasmo no processo global de cura.

Muitos dos co-trabalhadores de Tamera tinham profissões de apoio uns aos outros. Contudo, num sistema onde as acções mais cruéis acontecem milhares de vezes por dia, ajudar numa situação isolada é como deitar uma gota no oceano. Em Tamera, por exemplo, tínhamos o problema dos cães que tinham sido feridos e mal tratados, e que vinham depois ter connosco em busca de protecção. Ajudámos como podíamos, mas o sofrimento animal que se tornou visível com esta situação era demasiado grande para nós lidarmos. Nem foi suficiente pedir o apoio das autoridades locais e das organizações de defesa dos animais. Precisamos de um nível mais elevado de ajuda a todos os seres vivos, tanto para os seres humanos como para os animais. Isto será alcançado quando desenvolvermos um novo modelo de vida, que tenha um efeito global, no qual a crueldade contra as co-criaturas deixe de existir, porque uma nova informação, que se baseia numa vida não-violenta, se manifestou. Este é o pensamento subjacente.

As artérias da água correm pela terra. Poderemos nós cooperar com a água? Poderemos nós torná-la uma aliada no trabalho de paz global? Os oceanos cobrem 70% da superfície do planeta e contêm um vasto mundo de vida selvagem. Poderemos cooperar com os habitantes dos oceanos? Poderemos torná-los aliados no trabalho de paz global?

O mundo material, incluindo a atmosfera com os seus processos meteorológicos, está cheio de energias vitais em permanente circulação. Poderemos nós cooperar com elas? Poderemos nós torná-las nossas aliadas no trabalho de paz global?

As plantas e as árvores da terra são seres com alma. Poderemos nós cooperar com eles? Será que os poderemos tornar nossos aliados no trabalho de paz global?

Os chamados vermes dos nossos quintais são parte da grande família da vida. Poderemos cooperar com caracóis, ratos, pulgões, etc.? Poderemos torná-los aliados no trabalho de paz global? (estamos a fazer referência às experiências incríveis que ocorrem nos jardins da paz de Eike Braunroth).

As cobras e os ratos pertencem também à Matriz Sagrada. Durante milhares de anos eles foram considerados espíritos assustadores para o ser humano. Poderemos cooperar com eles? Poderemos torná-los aliados no trabalho para a paz global? (a partir dos nossos anos de experiência em Tamera podemos responder a esta questão de forma assertiva: "SIM.")

Isto é o que queremos dizer quando usamos o termo "cooperação com a natureza". Trata-se de ganhar toda a natureza como um aliado para a cura global. Pode soar a ficção científica, mas não é apenas ficção científica, porque faz parte do desígnio da Criação. Todos os seres na terra são órgãos do corpo Uno e mentes do espírito Uno.

A matriz teórica do projecto

O Campus Global é parte de uma mudança de sistema planetária, da matriz da violência para a matriz da "Aliança Global" com todos os seres. De forma a libertar a terra da violência e da guerra precisamos de ligar um interruptor global. É este interruptor que decidirá se serão hologramas de medo e violência ou hologramas de confiança e cooperação a serem descarregados da base de dados cósmica. A base de dados cósmica contém ambas as possibilidades, tal como acontece no material genético humano. A partir desta base de dados temos a possibilidade de activar a antiga informação de milénios de guerra ou a nova informação para uma terra sã. É isto o que nós fazemos com cada pensamento e cada acção que temos na nossa vida quotidiana. O comportamento humano é conduzido – como é muito provavelmente o comportamento de tudo no universo – por campos invisíveis de energia e informação. Se formos bem sucedidos em mudar os padrões de informação nas áreas centrais da nossa existência então enviaremos nova informação para a internet biológica, o que provocará mudanças fundamentais na vida de todo o planeta. Desta forma, é facilmente concebível que uma sociedade humana planetária se possa desenvolver, na qual os seus participantes não se encontram mais psicológica ou fisiologicamente pre-dispostos a qualquer acção violenta, uma vez que não recebem mais impulsos que os guiam nessa direcção. Eles vivem num holograma diferente. Das várias possibilidades na base de dados cósmica, um mundo de amor, de cura e de solidariedade manifestou-se. Pode parecer um sonho, mas é uma realidade alcançável. O que pode ser pensado, pode ser feito, disse Einstein. Estas são, de maneira muito sucinta, as directrizes teóricas do nosso trabalho. (Naturalmente, neste livro estas mesmas directrizes não estão completas mas poderá encontrar informação mais aprofundada nas publicações escritas por Dieter Duhm.)

O conceito teórico tem vindo a ser desenvolvido a partir de uma longa pesquisa e é hoje a base das nossas acções. A mensagem é clara: A luta entre as forças da vida e as forças da destruição pode ser decidida de forma clara a favor da vida, assim que tomarmos as decisões ecológicas, sociais e éticas necessárias. Os perdedores de hoje poderão ser os vencedores de amanhã. Contudo, em bom rigor, não existirão mais perdedores se a humanidade mudar a orientação do poder e do lucro, para as leis universais da vida e para a estrutura de ordem superior, inerente a todas as coisas no universo, a que chamamos "Matriz Sagrada". Os "jogadores globais" da nova Era não pensam mais em vingança ou retaliação, porque eles trabalham nos seus centros e em si próprios para construir estruturas de paz. A GRACE é a sua divisa. Não se trata apenas de acabar com a violência e a guerra, mas também de mudar as condições subjacentes que repetidamente geram a violência. A condição elementar que, mais do que qualquer outra, está subjacente a todos os sistemas de injustiça é o medo. Eduar Lanchero é um dos oradores da conhecida comunidade de paz de San José de Apartadó, na Colômbia. Nos últimos anos, quase 200 membros da comunidade foram cruelmente assassinados por militares, paramilitares e milícias. Durante um encontro do Campus Global, Eduar disse: *"Os grupos armados não são os únicos que matam. Esta é a lógica por detrás de todo o sistema. A maneira como as pessoas vivem origina este tipo de mortes. Este é o motivo pelo qual decidimos viver de forma a que a nossa vida gere vida. Uma condição básica que nos manteve vivos foi não entrar no jogo do medo, que nos foi imposto pelos assassinos das forças armadas. Nós tomámos a nossa decisão. Nós escolhemos a vida. A vida corrige-nos e guia-nos."*

Faz parte do sistema do Campus Global apoiar este tipo de comunidades de paz por todos os meios de amizade, empatia, cooperação e tecnologia. *"O medo tem que desaparecer da terra"*, afirmou Michael Gorbachov. Nós tentamos criar as pré-condições certas para isso, com todos os meios científicos, tecnológicos, sociais e espirituais que conhecemos.

Difusão global

A matriz teórica conduz a um novo modelo para uma difusão global. Esta difusão não consiste num trabalho missionário global, ou em elaboradas manobras de relações públicas, mas na lógica funcional dos sistemas holísticos: a publicidade espalha-se como se fosse "automática" quando o trabalho está em conformidade com as leis internas da matriz universal. (Esta é a razão pela qual o projecto de Tamera conseguiu sobreviver até hoje, contra todos os ataques.) Assim que os primeiros modelos se encontrem em funcionamento, estes irão desenvolver-se por todo o mundo, porque os seus novos campos de informação são campos globais, armazenados na base de dados cósmica e gravados na matriz genética da vida na terra. Quando a informação central de confiança e solidariedade é activada numa população, uma mudança irá ocorrer igualmente em todas as outras áreas da vida. Uma abertura geral de todos os canais, que até agora tinham estado bloqueados pelo medo, irá ocorrer. A informação espalhar-se-á por si própria através da internet biológica, sendo transmitida como "onda-holográfica" ou "onda-transportadora" a todos os participantes. A partir deste conceito, podemos compreender porque as acções locais podem causar efeitos globais. Uma decisão que tomamos aqui e agora pode resultar numa reacção em cadeia de novas decisões em outros lugares da terra. As leis que manobram os campos de informação, nos sistemas holísticos, estão aqui em funcionamento. Em apenas algumas décadas no decorrer do século XXI, os nossos filhos e netos conhecerão apenas as atrocidades da história da guerra imperialista a partir dos seus livros escolares. A mudança irá ocorrer rapidamente. Estamos justamente diante do ponto de ebulição de uma revolução planetária. O trabalho de paz de hoje é a participação activa e consciente neste processo global.

Um comentário final

Para alguns leitores este projecto poderá parecer ao princípio ilusório. Contudo, a internet sem fios, também um dia pareceu ilusória. É apenas uma parede de velhos hábitos de pensamento que nos separa de novas possibilidades. O projecto baseia-se na pesquisa e experiência comunitária que temos levado a cabo durante um período de 34 anos numa comunidade em crescimento e que tem hoje 170 participantes na Alemanha e Portugal. Nós descobrimos que todos os acontecimentos foram guiados e que estes sempre nos conduziram a novos caminhos. Hoje, estamos aliás inclinados a dizer que não fomos nós os inventores deste projecto, mas que fomos de certa forma conduzidos a fazê-lo. O projecto corresponde a uma nova direcção na evolução, que está actualmente a ser preparada em todos os lugares. As forças motrizes são as forças da transformação global, nas quais as formas básicas da Matriz Sagrada se manifestam a si próprias, na terra. Os grupos e projectos que tomam partido pela vida na presente mudança de sistema estão a cooperar com poderes elevados e encontram-se, por isso, sob elevada protecção.

O movimento não pode mais ser parado. Por detrás de todas as turbulências, uma nova comunidade planetária emergirá, onde a violência não será mais uma opção. No seu centro, estará a unidade redescoberta de toda a vida e a solidariedade entre todas as criaturas. E no seu núcleo está a redescoberta luz da Fonte, de onde todos nós temos origem. Chegámos ao limiar de uma mudança global de extensão inimaginável.

A TERRA PRECISA DE UMA NOVA INFORMAÇÃO

Monika Alleweldt, 2013

„Temos de utilizar todas as possibilidades que nos foram con-cedidas para pôr termo ao sofrimento global."
Dieter Duhm

O sonho da humanidade, de um mundo sem guerra nem violência, não tem de permanecer apenas um sonho. De acordo com Dr. Dieter Duhm – psicanalista, fundador do projecto Tamera – e a sua equipa, a concretização deste sonho é um objectivo realista. Com base em mais de 30 anos de experiência e investigação na implementação de projectos para o futuro, desenvolveram a chamada "Teoria Política". Esta teoria constitui a base de um plano invulgar para a paz, cujos aspectos basilares foram já implementados na prática. O projecto enfrenta agora um novo nível de realização, mas para que isso aconteça este tem de tornar-se conhecido por um público mais vasto. Este é o momento. A crise global tornou-se tão gritante que é absolutamente essencial difundir todo o conhecimento assimilado, sobre como libertar o planeta das garras da violência.

Para a maioria de nós, a convicção de que a paz poderia emergir num futuro próximo, neste planeta devastado pela guerra, encontra-se tão fora do nosso reino de possibilidades que nem sequer a colocaríamos em consideração. Mas é importante reconhecer que apenas há algumas décadas, quase ninguém conseguiria imaginar a Internet sem fios nem o telescópio Hubble no espaço. Actualmente, desenvolve-se trabalho sério para a colonização de Marte, incluindo planos para a transformação da atmosfera marciana ("terraforming"). Obviamente, a mesma inteligência que leva à concepção deste tipo de conquistas técnicas, pode ser utilizada pela humanidade para investigar como o medo e a violência poderiam ser erradicados da Terra. É uma questão que depende da nossa força de vontade e de onde colocamos o nosso foco. (Na realidade, se não conseguirmos encontrar uma resposta para o problema da violência na Terra, podemos apenas esperar encontrar a sua fatal continuação em Marte.)

Novas ideias libertam um novo potencial de acção. As grandes teorias abrem o caminho para grandes revoluções. Gostaríamos de agradecer a todos aqueles que estão dispostos a acompanhar e compreender esta teoria passo a passo. Quando novos pensamentos forem discutidos neste sentido, teremos dado o primeiro passo para assegurar o sucesso deste plano. Este documento contém pensamentos que levaram ao desenvolvimento da Teoria Política e ao plano de paz que daí resultou. Para uma compreensão completa desta teoria seriam necessárias leituras adicionais. No final do livro poderão encontrar uma lista de materiais recomendados.

Compaixão pelo Mundo

A teoria política nasceu da compaixão. O poder do pensamento e o poder do coração uniram-se de tal forma nesta teoria política, que a visão se liberta para uma possibilidade eficaz de acção e ajuda. A compaixão para com o que actualmente se passa neste mundo é uma chave para a compreensão desta teoria. Ao mesmo tempo, esta é também uma chave para a cura pessoal. A cura do mundo e a cura do indivíduo unem-se neste ponto.

No seu livro "Future Without War," [Futuro Sem Guerra] Dieter Duhm escreve: "Hoje em dia, em várias regiões do mundo, existe um sofrimento que já não temos capacidade para imaginar. Já não somos capazes de reagir ao ouvirmos o que as pessoas fazem umas às outras, o que fazem às crianças, a populações inteiras e aos animais. As atrocidades são demasiado devastadoras para lhes permitirmos a entrada na nossa alma. Temos conhecimento do que acontece em cada continente, mas já não nos prestamos a qualquer reacção. Esta realidade tomou uma dimensão abstracta e formal."

Estes hábitos colectivos de blindagem e supressão tornaram-se generalizados. Refugiámo-nos na nossa existência privada e abandonámos a busca por uma solução global. Mas por este caminho, o "Admirável Mundo Novo" será definitivamente estabelecido, e os milhares de seres que hoje são torturados, mutilados, escravizados, aprisionados, que morrem de fome e de sede, terão perdido a sua última esperança. Se não queremos este desfecho, temos de preservar dentro de nós próprios o poder e a capacidade de nos solidarizarmos com o mundo, inclusive com o destino tanto das vítimas como dos perpetradores, sem sucumbirmos ao medo ou à resignação. É necessário abrirmos o nosso coração para que possamos trabalhar por um novo futuro. Precisamos de uma perspectiva realista sobre como colocar um fim à miséria global.

De forma análoga, Neale Donald Walsch escreveu no seu livro "Conversas com Deus", que no dia em que realmente *quisermos* acabar com a fome no mundo, esta deixará de existir. "Vocês escolheram não o fazer". Os assuntos com que lidamos diariamente são uma escolha nossa. Os objectivos que queremos alcançar são uma escolha nossa. No momento em que realmente *quisermos* acabar com a guerra na Terra, encontraremos uma forma de o concretizar.

A Mudança de Era

Encontramo-nos perante uma mudança de épocas, de uma era materialista na qual as coisas e os eventos individuais estão na linha da frente, para uma era na qual aquilo que liga essas mesmas coisas individuais e esses mesmos eventos – e que é constituído por vibração, frequência e informação – será colocado no centro da nossa observação. Não é o átomo, mas a informação, que constitui o bloco de construção do mundo material. *No início era o Verbo.* O comportamento humano é, tal como provavelmente tudo o resto no universo, controlado por campos invisíveis de energia e informação. A Terra, com as suas montanhas e oceanos, a sua flora e fauna, seres humanos e culturas, constitui um corpo vital uniformemente vibrante. Existe algo que é comum a tudo o que existe. Em tudo o que existe, podemos estudar as formas do fluxo da vida, nos ribeiros ou na casca de uma árvore, numa concha ou nos nossos próprios corpos. Tudo emergiu a partir da mesma Criação, a qual vibra e ressoa em grandes ritmos e pulsações cósmicas que fazem o nosso coração bater, que organizam os nossos pensamentos e animam tudo o que vive. É uma vibração de profunda serenidade. Daí o mantra: da serenidade emerge o poder. Os atletas têm esta experiência quando se encontram na "zona". Aqueles que se encontram ligados com este poder são capazes de mover montanhas.

A unidade do mundo e a unidade de todos os seres foi repetidamente experienciada por místicos religiosos que a descreveram em cores estáticas e vibrantes.

Hoje, esta unidade é transmitida na linguagem sóbria da ciência por inúmeras escolas de pensamento, da física quântica à holografia. O nosso corpo é um organismo unificado, constituído pelos mais variados órgãos e células, coordenado por um "centro de comando" invisível. A cada segundo, biliões de interacções moleculares de alta precisão tomam lugar entre as nossas células, sem que precisemos de estar minimamente conscientes acerca delas. Vale a pena fazer uma pausa aqui e dar a devida atenção a este "milagre".

É o princípio auto-organizador da vida que podemos estudar aqui mesmo, no nosso próprio corpo terrestre. Da mesma forma que os diferentes órgãos realizam tarefas especializadas no nosso corpo para criar um todo funcional, a raça humana tem uma tarefa especial no plano da criação. A longo prazo, é impossível que a humanidade funcione contra este plano.

Tornando-nos Parceiros de Cooperação ao Serviço da Vida

Através de uma cadeia global de medo e violência, guerras e genocídios, e através da destruição da natureza e das suas criaturas, a humanidade espalhou uma frequência-perturbadora árdua e destrutiva sobre a Terra que separa o ser humano, até certo ponto, do campo de informação auto-organizador da vida. O mundo original da unidade encontra-se agora severamente perturbado e foi sobreposto por esta frequência perturbadora. Isto permite que a nossa sociedade seja passível de ser controlada por sistemas que seguem os princípios do lucro, da dominação e da exploração, apesar de estes violarem gritantemente a lógica da vida e da natureza. Os problemas globais que experienciamos actualmente, resultam desta colisão entre o sistema capitalista criado pelo ser humano e o sistema natural da vida.

A cada momento, com cada pensamento, palavra e acção, decidimos a informação que enviamos para o mundo, e tomamos partido pelo lado do medo e da violência ou pelo lado da cura e da confiança. A decisão é nossa. A Peace Pilgrim (Peregrina da Paz) disse: *"Fala, pensa e age de for-ma a que a paz possa elevar-se dentro de ti."* Esta é uma nova forma de activismo de paz. Em cada momento onde sejamos capazes de inverter o "interruptor" rumo à confiança, oferecemos uma saída para o sofrimento global. Tudo é um continuum. A vida precisa que todos os parceiros de cooperação humanos reconheçam esta lógica. *"Quando a vida vencer, não haverá ven-cidos"* – D. Duhm.

Por todo o mundo, são hoje desenvolvidas soluções para os problemas do nosso tempo. Existem soluções que permitiriam a resolução da crise mundial de água em poucos anos e o abastecimento de todos os seres vivos com quantidades suficientes de água potável. Existem experiências que demonstram como os aquíferos podem ser novamente reabastecidos. A água gravemente poluída pode também ser purificada. E onde o problema da água fôr resolvido, estará à vista uma solução para fome no mundo. Existem também soluções locais através das quais se torna possível prevenir o colapso climático iminente. Adicionalmente existem respostas para a questão da necessidade de recorrer ao uso de combustíveis fósseis, e se é possível estabelecer um abastecimento global de energia recorrendo puramente a recursos renováveis.

Ainda assim, na sua maioria, estes pedaços indi-viduais de informação trabalham contra os interesses da globalização. Consequentemente, são estruturalmente reprimidos. Desta forma, a consciência do mundo, apesar da multiplicidade de soluções, continua a ser caracterizada pela falta de ideias, pela futilidade e pelo desespero. Precisamos de fundir estas peças individuais de informação numa informação integral. São como peças de um puzzle. Se as peças forem juntadas correctamente, poderemos ver uma imagem completa, o sonho da humanidade. Se formos bem sucedidos em tornar este sonho visível em diferentes locais da Terra, este irá resplandecer e espalhar-se-á de forma imparável, tal qual qualquer ideia cujo tempo chegou.

Até lá, precisamos de uma aliança de pessoas inteligentes que espalhem pelo mundo uma frequência mais elevada, uma corrente de calor humano, uma vibração de compaixão e unidade, e que espalhem os conteúdos correspondentes através desta frequência-transportadora. Estas não podem fracassar na suavização da frequência perturbadora. Os tons do coração têm de ser ouvidos novamente, uma perspectiva reconhecível que possa dar às nossas resistências e protestos, ao nosso poder e ao nosso amor, uma nova direcção. A Terra precisa de uma nova informação.

Para isto, para além de todo o apoio técnico e financeiro, para além da protecção política e espiritual, precisamos acima de tudo de um conceito global.

Um Conceito Global de Paz
"Nunca é possível mudar as coisas lutando contra a realidade existente. Para mudar algo, é necessário construir um novo modelo, que torne obsoleto o modelo actual."
Buckminster Fuller

Dieter Duhm e a sua equipa desenvolveram o conceito de manifestar, primeiramente num modelo, uma sociedade futura de paz, tal como na indústria, por exemplo, os protótipos são construídos antes do produto entrar na produção em série. Neste caso os protótipos são centros de investigação especiais, conhecidos como Biótopos de Cura. Nestes centros são implementadas soluções individuais, que são posteriormente articuladas entre si e desenvolvidas. Sob a forma de um complexo agregado de informação, emerge, neste caminho, a imagem de uma cultura global de paz. A Teoria Política explica por que razão o emergir de apenas alguns destes centros na Terra poderia ser suficiente para catalisar uma mudança global, do anterior sistema de violência para uma nova era de paz. Consequentemente, o plano de paz tem como meta o estabelecimento concreto de alguns destes modelos. O primeiro destes modelos, Tamera, um centro de investigação para a paz em Portugal, foi fundado em 1995 por Dieter Duhm, Sabine Lichtenfels e outros e tem agora cerca de 170 colaboradores. O trabalho realizado em Tamera resultou na criação de um "Instituto para o Trabalho Global pela Paz", um Ashram Político, uma Paisagem de Retenção de Água, auto-suficiência regional, permacultura, uma "Aldeia Solar", um santuário animal, a república das crianças, uma escola livre, uma plataforma internacional de educação (Campus Global e Escola Terra Nova), um centro de arte e cura, uma Escola Global de Amor, entre outros. Outros grupos em Israel-Palestina, Colômbia, México e outros países, prepararam-se para construir modelos semelhantes. O projecto está claramente a caminho da sua realização, mas ainda há muito que fazer.

No seu livro "Future Without War" [Futuro Sem Guerra] Dieter Duhm escreve: O que é decisivo para o sucesso destes projectos de paz, não é o quão grandes e fortes são quando comparados com o aparato de violência existente, mas o quão inclusivos e complexos são, e quantos elementos da vida combinam e reúnem em si mesmos de forma positiva. Na construção de campos de evolução, não se trata da "sobrevivência dos mais fortes" mas antes do "sucesso dos mais inclusivos". Caso contrário nenhum novo desenvolvimento teria tido a possibilidade de se impor, pois todos eles começaram "pequenos e imperceptíveis".

No coração deste plano de paz está uma nova informação, a imagem de uma alternativa de vida realista. Gostaríamos de demonstrar o poder de uma tal imagem, utilizando como exemplo o caso que o médico e curandeiro russo Arkady Petrov descreve no seu livro "The Creation of the World. Part I" [A Criação do Mundo. Parte I]. (Pedimos que não se prendam demasiado na questão se acreditam ou não neste tipo de cura. O nosso foco principal não reside no trabalho de certos médicos e curandeiros. Ao invés, a experiência deve falar por si própria.)

Uma Experiência de Cura

Quando Denis A. foi admitido no hospital de Moscovo após um grave acidente de automóvel, os médicos praticamente não lhe davam qualquer hipótese de sobrevivência. Foi consultado Arkady Petrov. Este apressa-se para a unidade de cuidados intensivos com as suas duas jovens assistentes. As assistentes, que são clarividentes dotadas, colocam vendas nos olhos e olham intuitivamente para o paciente gravemente ferido. Petrov diz: "a consciência do Denis está quase extinta na sua totalidade. Esta não quer suportar a dor; não quer viver; esta não tem um motivo para viver. Para mim e para as minhas assistentes isto significa que o Denis tem, em primeiro lugar, de se lembrar do objectivo da sua existência, o seu propósito, para que este possa encontrar a força de vontade necessária para lutar pela vida. Mas como é que isto pode ser realizado? As assistentes vêm uma imagem luminosa na consciência do Denis: uma jovem criança. Elas aumentam a imagem. O Denis teve uma filha recentemente. O seu amor por ela poderia constituir o seu propósito de vida. As assistentes reforçam o holograma energeticamente. Os impulsos do cérebro do Denis começam a fortalecer lentamente. Subitamente, o Denis começa a chorar, por mais estranho que pareça que um homem em coma possa chorar."

Inicia-se um processo de cura extraordinário. As raparigas preparam um sistema de apoio especial organizado por turnos e, energeticamente, não deixam o paciente a sós nem por um minuto. Após duas semanas o Denis volta a abrir os olhos. Ele ainda não consegue falar, mas confirma com um aperto da mão que está a melhorar. Algum tempo depois, a sua condição melhora de tal forma que este recebe alta do hospital.

Activação da Matriz Original

A cura do Denis tornou-se possível fruto de uma imagem na sua alma que o fez querer lutar pela sua vida. Era uma imagem do seu amor. Através desta imagem foi despertada a sua vontade de viver, e foi activado um potencial com a capacidade de libertar um enorme poder de auto-cura. Foi a informação que determinou de forma crucial a sua escolha entre a vida e a morte.

Podemos transferir este processo, do indivíduo para a humanidade e assumir que, também aqui, existe uma informação condutora – ou como os dizem povos indígenas, um "sonho" – que se encontra no âmago e que pode ter uma relevância semelhante para o desenvolvimento da humanidade e da Terra.

Quando Lynne Twist, uma cidadã americana dos Estados Unidos, se encontrou com os representantes dos Achua, (na altura uma das últimas tribos primitivas intactas na região da Amazónia) na Floresta Tropical Equatoriana, os Índios pediram-lhe de forma veemente: *se nos querem ajudar, não venham ter connosco. Regressem ao vosso mundo e mudem o sonho da vossa cultura. É por causa dele que estamos a perecer".* Lynne Twist regressou e fundou a "Pachamama Alliance" (Aliança Pachamama), uma organização com a qual, até hoje, educa centenas de milhares de pessoas através de associações globais, e demonstra alternativas com o objectivo de mudar o "sonho" do capitalismo.

Actualmente, até os governos tal como o governo indígena da Bolívia e do Equador, desenvolvem o conceito de um novo sonho. Estes chamam-lhe "Buen Vivir" ou "Vivir Bien" (Viver Bem). O conceito invoca as tradições e os valores indígenas. Ainda assim, este existe apenas na forma escrita. Por esse motivo, a globalização continua a infiltrar-se na Bolívia. (Temos esperança que a Bolívia siga o conceito da construção de modelos e apoie o desenvolvimento de locais onde a ideia de "Vivir Bien" se realize na vida quotidiana concreta.)

O autor russo Vladimir Megre descreve tão precisamente nos seus livros "Anastasia" o anseio por uma vida simples e quase religiosa no meio rural, que milhões de jovens russos, inspirados pela sua obra, deixaram os seus empregos nas cidades e mudaram-se para o campo. Estes começaram então a estabelecer as condições externas de vida correspondentes. Agora, os primeiros deles enfrentam a questão de como podem também transformar as suas condições internas, de forma a que a solidariedade e a comunhão determinem a forma como vivem juntos.

O sociólogo holandês, político e futurista Fred Polak demonstrou que uma imagem positiva do futuro é o factor mais importante na determinação da ascensão ou do declínio das civilizações [The Image of the Future, (A Imagem do Futuro) 1973, Fred Polak].

Estes são apenas alguns exemplos do poder e da importância de tais imagens.

No contexto actual, as questões centrais são: *Que objectivo despertaria o entusiasmo da humanidade? Que visão inspiraria a humanidade a lutar pela sua sobrevivência e pela sobrevivência de todo o planeta? Por que motivo a humanidade deixaria para trás todas as disputas, unindo forças para a materialização deste objectivo?*

Dentro da lógica da Teoria Política podemos dizer que, em primeiro lugar, uma tal imagem só pode substituir a imagem anterior, se esta não se limitar a negar a anterior, mas antes se fôr capaz de a integrar a um nível mais elevado. Em segundo lugar, a nova imagem tem de ser, em si mesma, livre de contradições. Em terceiro lugar esta tem de, pelo menos numa fase inicial, ser colocada em prática de forma tangível. Esta tem de funcionar.

Esta manifestação tem de ser realizada por todo o mundo no contexto de diversos projectos-piloto exemplares, para que tal imagem possa atingir validação global.

Imaginem que tal imagem de cura existia, com a qual poderíamos activar a matriz original da humanidade

– e o seu inerente poder de cura colectiva. De um dia para o outro, a humanidade poderia começar a trabalhar para a cura, ao invés da destruição. Poder-se-ia concordar, por exemplo, com o redireccionamento das despesas globais em armamento para a recuperação dos oceanos, para a revitalização dos desertos, para a protecção de todos os animais e para o desenvolvimento de economias modernas de subsistência, para energias de fontes inesgotáveis, para veículos movidos a energia solar, para escolas onde a compaixão e o amor fossem ensinados, incluindo o amor físico, para que uma nova religião livre de castigo e purgatório pudesse emergir e encorajasse as pessoas a criarem o paraíso na Terra, ao invés de o projectarem no céu.

A Terra seria completamente transformada, num curtíssimo espaço de tempo.

O conhecimento encontra-se disponível, ou poderia ser desenvolvido e aprimorado em cada uma das áreas mencionadas anteriormente, podendo ser aplicado a curto prazo. Porquê, então, esta falta de fé na nossa capacidade de manifestar uma Terra curada? O homem moderno não duvida da tecnologia. Por esse motivo, quase tudo é possível. Mas quando se trata da paz, de um acordo entre pessoas face a um objectivo comum, o limite do imaginável é rapidamente alcançado. Por que razão a humanidade não encontrou, já há muito tempo, a informação necessária para a cura?

O Trauma Colectivo
Dieter Duhm é sociólogo e psicanalista, e foi um dos líderes da Esquerda Alemã na altura do movimento estudantil de 68. O seu livro "Angst im Kapitalismus" (Medo no Capitalismo) foi publicado em 1972 e tornou-se bestseller. Neste livro, Dieter Duhm com-

binou o seu conhecimento psicanalítico acerca dos processos internos do ser humano, com a questão de como uma revolução global exterior poderia ter sucesso. Este descreveu o "trauma colectivo", um medo profundamente enraizado no subconsciente de cada ser humano, e interpretou este medo num contexto histórico, para além do horizonte da interpretação do indivíduo. Como consequência de uma história com milénios de violência, este medo infiltrou-se na humanidade tal qual um sistema nervoso invisível.

Para que este trauma não seja repetido, as pessoas desenvolveram todo um registo de mecanismos de defesa, activados sempre nos aproximamos deste ponto de medo. A nossa vida quotidiana, as nossas conversas, opiniões políticas e relações amorosas são permeadas por este comportamento defensivo irracional e explosivo. Este comportamento irracional pulveriza as mais belas utopias. O trauma inconsciente pode transformar um grande amor numa longa e devastadora guerra de nervos. Actualmente, todo o mundo perece por este motivo.

Uma das estratégias mais fatais é transferir este medo para um objecto exterior conveniente, em vez de o resolvermos dentro de nós próprios. É assim que criamos imagens de inimigos contra os quais podemos lutar. Isto proporciona um alívio de curta duração, mas a longo prazo aumenta incomensuravelmente a nossa ansiedade. As nossas projecções de medo são a razão pela qual o nosso ambiente, os nossos companheiros humanos, e até um parceiro amoroso podem parecer potencialmente ameaçadores. O trauma controla-nos, caso orientemos a totalidade das nossas vidas para uma autoridade penal imaginária, adaptando-nos a condições sociais de que não gostamos ao invés de concretizarmos os nossos sonhos de criança.

O medo vem da constrição e funciona como um resíduo explosivo, podendo potencialmente irromper a qualquer momento na forma de raiva, ódio, ciúme, sadismo, e violência explícita. "A guerra vive secretamente dentro de cada paz", disse a certa altura o poeta Hermann Hesse. Foi este trauma colectivo que transformou amigáveis pais de família em carrascos de campos de concentração, da noite para o dia. É este trauma colectivo que nos torna altamente corruptíveis. Se este medo inconsciente de longa data, e a consequente propensão latente para a violência não existissem dentro de cada ser humano, uma mão cheia de pessoas no poder nunca conseguiria manobrar a população mundial humana rumo à sua própria extinção. Compreendemos agora por que razão perderemos sempre a luta exterior contra o poder imperialista, enquanto não resolvermos também a imanente estação de base para este poder dentro de nós. Foi por isso que Dieter Duhm pôde dizer nos anos 60: *"Uma Revolução sem emancipação é uma contra-revolução."* Ou actualmente: *"Uma revolução que não tenha acontecido interiormente, não pode ser bem sucedida no exterior".*

A nova informação que é procurada encontra-se para além das muralhas deste trauma. É por isso que esta foi e será tão difícil de encontrar. É por isso que esta não pode simplesmente ser delineada numa secretária, mas que exige lugares de cura onde o trauma possa ser resolvido, de forma exemplificativa.

A nova informação e a construção de centros de cura revolucionários

Karl Marx disse que a existência societal determina a consciência do ser humano. Neste aspecto, Dieter Duhm manteve-se um marxista quando diz que a resolução do trauma exige uma nova "existência societal". Ele retira o conceito de "cura" do contexto terapêutico e coloca-o no centro do movimento revolucionário. A desejada sociedade de cura não pode nascer através de apelos, leis, reformas ou programas partidários. O trauma não pode ser curado através deste tipo de medidas. Mais ainda, os novos paradigmas deverão, primeiramente, ser descobertos e mutuamente acordados.

Os centros serão estabelecidos por pessoas dispostas a uma auto-transformação e auto-revelação radicais. Estas pessoas não estarão a fazê-lo apenas por si próprias, pois desta forma nunca poderiam ter sucesso. Estarão a fazê-lo como representantes de toda a humanidade. Estas pessoas irão explorar o elixir a partir do qual emerge um novo mundo: a confiança. A confiança entre homem e mulher, adultos e crianças, humanidade e natureza, indivíduo e comunidade. Onde quer que esta confiança seja restaurada, surgirão células para a cristalização de um novo futuro. Todas as áreas da vida encontram-se incluídas na investigação e são removidas do padrão da violência: das fontes externas necessárias à vida, tais como água, alimento e energia; às fontes internas, como arte, comunidade, religião e Eros.

A nova imagem não pode ser simplesmente concebida e imposta à humanidade arbitrariamente. É antes um sonho latente da humanidade que quer aqui ser redescoberto, e que é tão belo e tão profundamente conhecido, que dificilmente alguém se atreve a acreditar nele. É o sonho de um mundo sem guerra, no qual tomou lugar uma grande reconciliação entre todos os que antes se opuseram: entre povos e religião, entre homem e mulher, entre ser humano e natureza.

De forma a acreditar na materialização desta imagem, tem de ser restabelecida dentro das pessoas e dentro da sua cultura a ligação entre três áreas fulcrais: religião, natureza e Eros. O nosso amor pela religião, pelas nossas origens, pela luz e pelo mundo da mente e do espírito, tem de conseguir estabelecer novamente a ligação com o nosso amor pela natureza e por todas as suas criaturas que rastejam, grunhem e bamboleiam; pelas suas flores, cheiros e frutos, pelos seus rios e mares, vales e montanhas. E ambos, o amor pela religião e o amor pela natureza têm de restabelecer ligação com o nosso amor pelo ser humano, sobretudo com o nosso amor pelo sexo oposto, por homens e mulheres, pela carne, pelo prazer, pelo êxtase, pela matéria.

Onde estas três áreas da nossa existência puderem unir-se novamente, o coração humano poderá curar aquilo que durante tanto tempo foi desfeito. Uma nova humanidade poderá ressuscitar, amadurecida através da dura experiência de uma longa história de guerra na qual se emaranhou, erguida pela recuperada crença em si própria, e fortalecida por um NÃO absoluto e incondicional a qualquer forma de violência.

Chegámos assim ao ponto de partida, a partir do qual um futuro sem guerra pode ser desenvolvido. Daí em diante, o mundo que nos criou pode derramar a sua luz no mundo que nós criámos, e pode ser reflectido nos nossos pensamentos e acções, nas nossas hortas e campos, na nossa cultura e tecnologia, nas nossas comunidades e relações amorosas. A partir daqui, ressoamos com um imenso poder elementar. A partir daqui, *"atraímos até nós toda a informação e ensinamentos necessários, para o desenvolvimento dos nossos dons para o benefício de todos"*, tal como disse Dhyani Iwahoo. A partir desse momento, deixamos de estar sob o feitiço do horror e da guerra, mas antes ao serviço do afecto por tudo o que tem pele e pêlo.

No seu livro, "Future Without War," (Futuro Sem Guerra) Dieter Duhm escreve:

"A principal questão não é se estes centros podem ter um impacto global, mas antes se nos encontramos em posição de os criar. Precisamente porque fazem parte do Todo, estes centros carregam também consigo o fardo do Todo. Estes só podem ser bem sucedidos caso consigam alcançar a "base universal comum" que partilham com o Todo. Essa base universal é o alicerce inabalável de todos os seres humanos, a sua fonte comum e o seu dote, o seu âmago divino. Esta base mostra-se na capacidade para a verdade, para o amor, e para o reconhecimento de uma ordem da vida mais elevada. As novas comunidades começarão a surtir um efeito global caso encontrem, no tecido da humanidade, a dimensão na qual todos os habitantes da Terra estão ligados uns com os outros e com todas as criaturas. Este é o fundamento sobre o qual os fragmentos de vida que foram separados durante tanto tempo emergem e se unem: homem e mulher, ser humano e ser humano, espírito e sexualidade, Eros e Ágape, ser humano e natureza, ser humano e Deus. Aqui, revela-se a indispensável dimensão espiritual do futuro trabalho de cura. A cura é a saída do exílio, a revogação da dor original que derivou da separação."

Uma Estação de Transmissão para a Paz
De forma a continuar sensatamente este trabalho, este tem de ser tornado conhecido a um público mais vasto. *"A Terra precisa de uma Nova Informação"* significa, neste evidente primeiro nível, que a humanidade tem de tomar conhecimento deste plano. O conhecimento de como construir um novo futuro tem de alcançar todos aqueles que o procuram. Estes têm de aprender como eliminar a sua angústia material e psicológica, e como colaborar na construção de um mundo sem guerra. Aí, encontrarão uma direcção pela qual vale a pena viver.

Tem de haver cooperação entre todos aqueles que estabelecem biótopos de cura e aqueles que continuam o trabalho no interior das sociedades e que querem apoiar e proteger estes centros a partir de fora. Assim, surge uma nova rede de comunicação. Esta inclui potencialmente toda a gente, uma vez que na sua lógica, em nenhum ponto se fecha ao exterior. Todos podem participar na construção deste sonho comum.

Enfrentamos a tarefa de construir a primeira "estação de transmissão para a paz" no Biótopo de Cura que emerge em Tamera, com a ajuda do qual, a imagem de uma nova paz poderá ser globalmente comunicada. A estação de transmissão inclui várias subdivisões:

Para fornecer informação e material de estudo a todos os que desejam estabelecer nos seus países as estações de base para este "sonho", lançámos a "Escola Terra Nova". A escola oferece um curriculum vasto e poderoso. Este é constituído pelas seguintes áreas de estudo: *Cooperação com a Natureza, Aprendendo a Amar, Novo Pensamento.* O material de estudo inclui desde planos para biogás, até novos pensamentos no amor, parceria e sexualidade, ao estudo de textos acerca de vários assuntos relacionados com uma nova visão do mundo. As palestras serão oferecidas gratuitamente, ou através de doações via Internet. O "Campus Global" encarrega-se de fornecer o subsequente treino prático, com o objectivo particular de guiar estes grupos na criação de outros centros de investigação semelhantes. O departamento de media, "Grace Media", transmite as ideias basilares na forma de pequenos vídeos e filmes educacionais. O grupo de "Arte Política" ilustrará o desejado futuro em símbolos, painéis de texto, posters, pinturas e esculturas. Livros e textos de estudo sobre vários tópicos são publicados por "Verlag Meiga". O grupo de jornalistas, "Writers for Peace", dissemina a nova informação através de blogs, documentários e artigos.

Aguardando com entusiasmo pelo futuro.

II A CURA DO AMOR

COMUNIDADE COMO TEMA DE INVESTIGAÇÃO

Excerto da Declaração de Projecto I

Dieter Duhm, 2005

Felicidade é estar integrado em algo maior.
A realização na vida depende também da resposta que dou à pergunta: para quem ou por que razão faço tudo isto? Se a resposta estiver convincentemente orientada para algo maior do que apenas a própria pessoa, uma vida realizada poderá revelar-se. Os problemas pessoais requerem um nível mais elevado para encontrarem solução. Um destes níveis mais elevados é a comunidade. Comunidade significa viver numa base comunitária ao invés de privada. Talvez esta seja a mudança de paradigma mais radical: a mudança mental-espiritual e moral de um modo de vida privado para um comunitário. Só desta forma poderemos desmantelar permanentemente os mecanismos de protecção e defesa com os quais o ser humano da actualidade, isolado, teve de se conformar. O projecto dos Biótopos de Cura sofreu grandes golpes do destino ao longo dos seus 25 anos de existência. Como pôde a comunidade sobreviver-lhes? Esta sobreviveu fruto do estável campo energético desenvolvido, que manteve os participantes unidos. Estes já se encontravam suficientemente familiarizados com as regras da forma de vida comunitária para não caírem na resignação individual.

Comunidade significa conhecer realmente outras pessoas e ver quem verdadeiramente são. Gradualmente, chegaremos àquele mundo humano que se encontra para lá da ficção e da fachada. Aqui ocorrem os verdadeiros encontros, de âmago para âmago, de verdade para verdade, e o resultado é confiança genuína. A confiança é a mais primordial e mais eficiente das forças de cura. Consequentemente, a primeira tarefa de uma comunidade é gerar confiança entre os seus participantes. Será possível ter noção do que isto significa? Será que temos consciência de quantas feridas foram abertas entre seres humanos durante a era patriarcal: entre homem e mulher, pais e filhos, jovens e velhos, povos e culturas? A tarefa de restabelecer a confiança primordial perdida é equivalente à tarefa de activar correntes de informação completamente novas no código genético da humanidade. Os velhos padrões de comportamento têm de ser abandonados e substituídos por novos. Este é um processo de aprendizagem sem igual.

Mas não terá razão Elisabeth Kübler-Ross quando diz que todos os processos de aprendizagem na vida levam em última instância à aprendizagem do amor?

E não deveríamos nós ser capazes disto?

Analisemos esta questão à distância. A humanidade construiu estações espaciais, inventou projécteis autopilotados, descodificou o código genético e disparou contra células de cancro através de nano-canhões – não deveria este ser também capaz de solucionar os seus problemas interiores com igual empenho e perseverança?

NÃO HAVERÁ PAZ NA TERRA ENQUANTO HOUVER GUERRA NO AMOR

Manifesto para a Fundação da Escola Global do Amor

Sabine Lichtenfels, 2013

O amor e a sexualidade são uma questão política perante a qual já não fecharemos os olhos.

O amor é mais que um sentimento. O amor requer estruturas sociais nas quais possa ser vivido e tornado real. O amor requer um sistema ético através do qual nos possamos tornar autênticos.

Independentemente do estado da nossa vida pessoal, independentemente de vivermos sozinhos ou em comunidade, em celibato, casados, em monogamia ou em poligamia: trabalhamos juntos para o desenvolvimento de perspectivas para os nossos filhos e para as gerações vindouras.

Precisamos de respostas no amor, para que as crianças possam novamente crescer em ambientes de confiança, e para que lhes seja possível encontrar um lar. Precisamos de respostas mais fortes que todos os nossos medos, que despertem em nós o desejo e a curiosidade, ao invés de despertarem o receio de sermos novamente magoados nestas áreas tão sensíveis do amor.

O Eros livre e os relacionamentos de parceria não são mutuamente exclusivos. Pelo contrário, complementam-se. A verdade no amor é a base para qualquer relação amorosa duradoura. A questão entre monogamia ou poligamia, heterossexualidade ou homossexualidade, é decidida com base na nossa verdade interior.

O desejo por um parceiro não contradiz o desejo por outras aventuras eróticas. Estas apenas ganham um carácter de traição quando temos de escondê-las dos nossos parceiros! Existe uma fidelidade na qual o afecto de um parceiro por uma outra pessoa não provoca o medo da perda mas, ao invés, gera alegria e traz crescimento ao Eros e à confiança.

Quando passarmos por esta experiência, iremos acordar um dia e dizer: A guerra não será mais o nosso empreendimento. O nosso investimento está no amor. O Eros tornou-se a nossa fonte sagrada de vida e amor. A nossa sexualidade encontrará de novo a sua âncora na ordem universal da vida. Esta será sagrada para nós; tão sagrada como a própria vida.
A partir da ligação entre Eros e Religião surgirá uma nova cultura erótica onde a guerra se tornará impensável. Vemos a possibilidade de acabar com a guerra no amor, introduzindo deste modo novas formas de viver em conjunto e novas estruturas sociais. O amor é a força mais importante para a germinação de uma nova cultura de paz que não seja baseada no sacrifício mas antes no reconhecimento da abundância da vida.

Aqui, a escapatória do actual beco sem saída torna-se mais nítida. Esta conduz-nos a uma cultura de parceria entre Homem e Mulher, na qual nenhuma mãe terá de enviar o seu filho para a guerra, e nenhum pai terá de entregar a sua vida em defesa do seu país. A Indústria da Guerra será extinta. As bases militares serão transformadas em Universidades de Paz, onde a protecção do planeta poderá ser estudada e praticada. O amor e a sexualidade deverão ser estudados por cada ser humano adulto que se queira tornar um membro responsável desta cultura.

Neste momento, emergem amantes e jardineiros de uma nova Terra – Terra Nova – na qual é dada uma nova oportunidade ao Eros e ao amor duradouro.

A IMPORTÂNCIA DA ESCOLA GLOBAL DE AMOR

Discurso livre realizado por Sabine Lichtenfels na abertura da Escola Global de Amor

Sabine Lichtenfels, 2013

As mais calorosas boas-vindas à comunidade planetária. Há muito que espero por este dia: o início da Escola Global de Amor.

Sempre que falo publicamente sobre amor e sexualidade todo o meu corpo entra em agitação. Sinto uma ligação com a dimensão e a profundidade do tema abordado, mas sinto também uma ligação com o que acontece neste momento com tantos homens e mulheres em todo o mundo, que sofrem os efeitos de um amor e de uma sexualidade extraviados, oprimidos e desorientados. Em Tamera estamos a tentar descobrir como sarar estas feridas. Não procuramos esta cura apenas para o bem dos nossos corações e relações, mas como exemplo para o mundo.

O amor e a sexualidade são um tema político. A Terra clama por ajuda: é o clamor pelo fim da guerra no amor. A guerra no amor é o alicerce sobre o qual toda a violência, todos os conflitos entre pessoas e todas as guerras encontram sustento, quer através de palavras, ideias, ou em última instância, com recurso às armas. A resposta não pode ser encontrada ao nível privado – apenas ao nível societal.

Recentemente recebi uma carta de um amigo que teve de testemunhar um marido assassinar a sua esposa, por ciúme, nas ruas da sua cidade.

No Inverno passado surgiram motins na Índia fruto da violação e assassinato de uma jovem mulher num autocarro. Todos os dias inúmeras mulheres e raparigas são violadas, mas nesta situação pontual foi despoletado um grito global de revolta. Sentadas entre nós, encontram-se pessoas que com acções globais contribuíram para o terminar da violência. Mas como é que podemos realmente acabar com a violência, não apenas como um apelo, mas realmente? Lidamos com esta questão na Escola Global de Amor e estou grata por podermos agora trabalhar juntos.

A Cura Através da Informação

Será que temos uma resposta na qual realmente acreditamos? Quais as ideias fundamentais da Escola Global de Amor que todos partilhamos?

Os participantes da Escola Global de Amor concordam que uma mudança no mundo é necessária. Compreendemos que uma das razões para a violência e para os assuntos irresolutos da nossa civilização se devem a um amor e sexualidade extraviados, bloqueados e suprimidos. Os participantes da Escola Global de Amor reconhecem que a Terra precisa de nova informação nesta área, porque sabem que é a informação que pode conduzir à cura.

Na Escola Global de Amor procuramos respostas que vão para além do indivíduo, e que possam ser globalmente eficazes. Procuramos respostas que funcionem em toda a parte... na Índia, na América do Sul, na cultura ocidental, e nas culturas indígenas. Será que existe algo que tenha corrido mal em todas estas culturas? Haverá algo que precise de ser curado em todo o planeta?

Em relação a isto, gostaria de ser muito cautelosa. Eu estudei teologia. Quando era jovem, tomei conhecimento da quantidade de sofrimento que a Igreja trouxe ao mundo através do seu trabalho missionário e fiquei chocada. Os missionários disseminaram frequentemente as suas ideias sem compaixão nem consciência, mas de forma paternalista e desrespeitadora, e impuseram-se pela força onde não eram bem-vindos. É por isso que me mantenho sempre alerta com a questão: "O que é que significa pensar globalmente, sem evangelizar?"

Em primeiro lugar, devemos entrar num estado de consciência e atenção profunda, e a partir dessa atitude podemos então perguntar o que poderia realmente conduzir à cura – esta característica distingue a Escola Global de Amor. Quando tocamos nos temas do amor e da sexualidade desta forma, então a questão toca-nos também a nós próprios: "Até que ponto estamos dispostos a olhar para nós próprios? Estaremos preparados para incluir os nossos temas privados na investigação? Estaremos prontos para compreender que os nossos assuntos pessoais não são privados?" Isto deve-se ao facto de que experiências que percepcionamos como profundamente pessoais, serem experienciadas por outras pessoas noutros sítios, exactamente da mesma forma. A dor, o abandono e a mágoa, formam um campo, um subterrâneo, que frequentemente perdura no inconsciente mas que conduz pensamentos e acções em todas as pessoas, dando forma à actual cultura de guerra. Ainda assim, geralmente, consideramos estes temas como privados.

É por isso importante que na Escola Global de Amor elevemos os nossos tópicos pessoais ao nível global. Mas é igualmente importante reconhecer que não temos todas as respostas e não esconder este facto. É essencial estarmos dispostos a colocar as nossas questões, reconhecendo a sua necessidade.

Na Escola Global de Amor queremos trabalhar com uma ética objectiva para o amor, com orientações que possamos dar aos outros e a nós próprios. Uma das melhores directrizes é reconhecer que, frequentemente, somos os melhores professores nas áreas onde mais urgentemente precisamos nós próprios de aprender. Desta forma, é necessário estarmos realmente em contacto connosco próprios e assegurarmo-nos de que não nos limitamos a fugir das nossas fraquezas. Só assim poderemos gerar transparência nos locais onde vivemos e trabalhamos. E só então poderemos dizer "o ciúme não pertence ao amor". Para mim, é possível dizer isso embora eu própria seja muito ciumenta. Não preciso nem devo escondê-lo. Não devo fingir que já resolvi tudo. Não – posso dizer sinceramente que sou ciumenta. Mas reconheço que não estou num estado de amor quando me sinto ciumenta. Reconheço que o ciúme é uma doença, e quero curá-la.

Novas Estruturas Sociais – O Ciúme não pertence ao Amor

Na Escola Global de Amor os temas do amor e da sexualidade não estão associados à terapia pessoal. Em vez disso, tratamos de encontrar as estruturas sociais nas quais a cura possa tomar lugar. Isto porque, mais que os nossos falhanços e imperfeições pessoais, são as estruturas sociais em que vivemos que provocam o colapso de inúmeras histórias de amor.

Que formas de viver em conjunto apoiam o amor? De que forma podemos viver a vida, trocar ideias e reunirmo-nos de forma a que a mentira não seja necessária? Conseguiremos visualizar uma vida na qual mentir aos nossos parceiros não traga qualquer benefício?

Nos dias de hoje achamos bastante normal não dizer a verdade numa relação amorosa. Em todo o mundo, as pessoas acham normal esconder os seus impulsos e desejos sexuais por vergonha. Será possível visualizar uma forma de interacção social na qual possamos alegremente tornar tudo visível e transparente, sem temer condenação, e onde nos possamos apoiar mutuamente neste processo?

O tema das novas estruturas sociais mostra-nos de novo muito claramente que a cura do amor é uma questão política.

Se vemos a esperança que é desencadeada nas pessoas através da nossa Paisagem de Retenção de Água, ou através das respostas que são desenvolvidas aqui em Tamera no campo da tecnologia, por exemplo, percebemos que temos de encontrar soluções com o mesmo poder e a mesma intensidade para o tema do amor, para que desta forma os modelos ecológicos e tecnológicos não falhem devido aos conflitos interpessoais. Para construir Paisagens de Retenção de Água e sistemas de energia descentralizados, precisamos também de saber como emergem as comunidades que constroem estes sistemas e que vivem com eles.

Uma Paisagem de Retenção de Agua cria, por si própria, um biótopo ao seu redor. A variedade de plantas e animais aumenta acentuadamente, e surge uma grande diversidade biológica. Com base nestes processos podemos estudar a própria vida e compreender que nós próprios somos parte integrante da natureza. Se desejarmos proteger a natureza não podemos excluir o tema da natureza humana. A protecção da natureza que nos rodeia é efectuada da melhor forma na medida em que reconhecemos, cuidamos e humanizamos a nossa natureza interior, incluindo a nossa natureza selvagem, para que esta não tenha um impacto destrutivo, mas antes que possa expressar-se de forma saudável e zeladora. Para o nosso desenvolvimento no amor, podemos aprender bastante através da comunicação com a natureza, com a água, com as plantas e os animais.

Fidelidade e Liberdade no Amor

Na sociedade actual o amor e a sexualidade estão organizados de forma a serem permitidos dentro do contexto da relação, mas, caso expressados fora da relação, são considerados traição. Mas porquê?

Não conseguiremos nós imaginar um modo de viver em conjunto no qual possamos ser completamente fiéis a um parceiro, e ainda assim podermos ter aventuras eróticas? Não poderia isto ser normal numa sociedade saudável, para que não fosse preciso temer a perda do nosso parceiro, ou acreditar que o deveríamos deixar se amássemos e desejássemos outra pessoa?

Liz Taylor disse numa entrevista na televisão: "se ele se envolve com mais alguém, eu mato-o." E o público interpretou isto como uma prova de amor verdadeiro e apaixonado. Que loucura! Os modelos que nos foram apresentados através da nossa educação e através dos meios de comunicação condicionaram-nos de tal forma, que acreditamos que os ciúmes expressos apaixonadamente são uma expressão de amor.

Mas será que não poderia emergir uma imagem completamente diferente? Quando o meu parceiro me diz que se sente atraído por outra mulher, não poderá isto ser uma indicação do quão intensa e saudável se encontra a nossa relação? Não é este um sinal do quanto ele confia em mim, quando chega a casa e me conta: "Oh, foi tão maravilhoso" e eu respondo: "Isso é fantástico" podendo isto apoiar o crescimento da nossa relação? A confiança aprofunda-se quando sabemos que podemos dizer a verdade um ao outro.

Participar na Escola Global de Amor significa trabalharmos juntos para encontrarmos soluções. Tendo como pano de fundo esta pesquisa global comum, consigo imaginar como quero viver pessoalmente, quer seja como monja, em casamento, em monogamia ou com vários parceiros. Independentemente das formas de vida que escolhemos e das promessas que fazemos uns aos outros, estas devem sempre almejar a protecção do amor ao invés da negação da verdade. Como parceiros, podemos obviamente escolher viver em monogamia. Este caminho pode ser bastante apoiado pela nossa aproximação ao tema. Seja como for, devemos sempre recordar-nos que nunca temos qualquer tipo de posse sobre outro ser humano. Não existem direitos legais sobre o amor.

O Caminho da Parceria

Será possível que tenhamos chamado "amor" a algo que na realidade não é amor? Será possível que regressemos sempre a processos dolorosos, por estarmos a seguir informação que é falsa logo à partida?

Normalmente acontece assim: inicialmente, quando nos apaixonamos, projectamos as coisas mais maravilhosas no nosso parceiro. Ele é o único, ele cuidará de mim, ele é o meu deus privado; e vice-versa, a minha deusa pessoal, a minha Virgem Maria, a minha companheira que se encontra ali só para mim. Sinto uma adoração por ela, ela será para sempre a minha realização.

Mas no centro disto, encontra-se algo do qual não temos consciência. É a dor histórica do amor que outrora experienciámos e cuja experiência nunca mais queremos repetir. Por esse motivo, escondemo-la profundamente dentro de nós. Erigimos um mecanismo de defesa à volta dela; defendemo-nos, e tornamo-nos furiosos e agressivos quando algo ou alguém se aproxima deste ponto de dor. Aqui dominam a raiva e os medos irracionais, e o corpo de dor é despertado.

Talvez tenhamos tido esperança de escapar do corpo de dor através deste nosso novo amor. E talvez possamos ser felizes juntos durante algum tempo. Durante algumas semanas ou alguns meses, conseguiremos fazer o papel do parceiro de sonho desejado pelo outro.

Mas subitamente, algo muda. Nenhum homem nem nenhuma mulher podem manter, a longo prazo, aquilo que projectamos sobre eles. Passado algum tempo emerge um novo rosto, um rosto que dificilmente podemos suportar. Neste rosto, tudo o que antes temíamos e considerávamos insuportável no sexo oposto reaparece diante dos nossos olhos. E da mesma forma, equivocadamente, incorporamos também esta mesma máscara grotesca ante os olhos do nosso parceiro.

Nessa altura é importante saber que este outro rosto também não é o verdadeiro ser, é apenas o rosto do corpo de dor. Numa relação íntima, mais cedo ou mais tarde, os dois géneros vão encontrar-se de corpo de dor para corpo de dor. É aqui que todo o sofrimento se inicia e, frequentemente, termina em catástrofe.

Haverá situações onde esquecemos o nosso melhor conhecimento e nos permitimos ser controlados pelos processos inconscientes. Posteriormente, sentimo-nos envergonhados e pedimos desculpa um milhar de vezes; e ainda assim somos novamente conduzidos para o mesmo ponto na situação seguinte. Esta é a guerra permanente no amor. Não se trata de culpa. Ninguém pode ser declarado culpado por processos inconscientes. Trata-se de ganhar conhecimento. Deveríamos estar gratos por cada guerra que reconhecemos dentro de nós, ao invés de nos sentirmos envergonhados, pois só após termos reconhecido algo é que podemos começar a recuperar a nossa responsabilidade e a dirigir por nós próprios estes processos.

A verdadeira parceria guia-nos através do inferno do corpo de dor. Se descobrirmos o que é realmente o amor, poderemos então atravessar este processo e encontrar um nível mais profundo de fidelidade. Aí, o caminho da parceria será o caminho da iluminação.

E nessa altura chegaremos à questão: como encontrar uma forma de fidelidade mútua, onde o nosso amor e desejo por outros não tenha de ser escondido?

Como viver em conjunto de forma a que o afecto entre duas pessoas não despolete este tipo de medo, raiva ou ciúme numa terceira pessoa?

Como é que uma comunidade pode apoiar os casais de forma a que o amor possa durar?

Se conseguirmos realmente ver diante de nós a imagem de uma comunidade intacta, estaremos a alimentar uma informação de cura que se estende muito para além de nós próprios.

A Verdade Biológica: A Lógica da Atracção Sexual
Na nossa sociedade, a ligação entre amor e sexualidade produz frequentemente mal-entendidos. A sociedade actual diz-nos que estes dois aspectos caminham sempre de mãos dadas: se sinto mais amor por alguém, isso significa que sinto também o maior desejo sexual por essa pessoa.

No início de uma relação amorosa isto é normalmente verdadeiro porque existe frequentemente uma grande paixão. Mas se isto se altera ao fim de algum tempo, é visto como uma catástrofe. Pelo menos na medida em que não tenhamos considerado: "Qual a lógica do amor e qual a lógica da atracção sexual?"

Nas culturas tribais antigas era normal construir uma relação, ter filhos juntos, manter uma fidelidade absoluta e vitalícia entre parceiros e, simultaneamente, experienciar a sexualidade com outros. A sexualidade em si era sagrada; uma forma de culto, uma celebração, algo que não se encontrava limitado aos relacionamentos.

Hoje é de novo essencial encontrar uma imagem intacta para esta coexistência, na qual não tenhamos de continuar a esconder a nossa verdade biológica.

Gosto de comparar a cura da água com a cura do amor e da sexualidade. Wilhelm Reich disse: não é o rio que inunda as margens que é violento, violentos são os muros que fecharam o rio num leito demasiado pequeno e apertado. O mesmo se passa com o amor e a sexualidade: se os fecharmos num canal demasiado constrangedor, estes não conseguem desenvolver-se de forma saudável e sanadora. A tentativa de reprimir a atracção sexual não pode ser bem sucedida. A repressão faz com que estas forças se tornem destrutivas e violentas. Tal como a água, estas forças elementares desejam fluir livremente. Nessa liberdade, encontraremos a orientação ética que apoia a parceria.

Superar o Trauma Histórico: Trabalhando no "Campo Minado" das Relações entre os Géneros

Desde do início do projecto em 1978, temos investigado a criação de paz no amor. Hoje, passados 35 anos, ainda não podemos dizer que temos a solução e que estamos livres de todas as dores amorosas e de todos os medos sexuais – mas estamos a trabalhar nisso. Neste sentido, tem sido construída uma base viável para a solidariedade entre as pessoas em Tamera.

Por vezes os convidados e os visitantes ficam surpreendidos pelo facto de isto nos levar tanto tempo a alcançar. Mas há que ter consciência que qualquer pessoa que faça investigação na área do amor e da sexualidade trabalha num tema histórico. Viémos de uma longa história de violência patriarcal. Lidámos com milhares de anos de dor. A inquisição não ocorreu há tanto tempo atrás. A construção de confiança entre homem e mulher é um trabalho de cura sobre o corpo de dor colectivo.

Na Escola Global de Amor, podemos atrever-nos a investigar a este nível de profundidade. Trabalhamos na visão de uma nova sociedade de parceria, onde os lados masculino e feminino se encontrem em equilíbrio e onde uma verdadeira confiança possa ser criada entre os géneros.

Pessoalmente sinto-me feliz. Tenho vivido nesta comunidade desde 1978. Os meus filhos cresceram em comunidade. Desde há mais de 30 anos, vivo numa parceria na qual fomos capazes de lidar com o ciúme e na qual este perdeu o seu poder. O meu parceiro pode envolver-se com qualquer mulher por ele desejada, e eu posso encontrar-me com outros homens. Por isso digo que vivo uma vida realizada. A este nível estou bastante orgulhosa.

Por outro lado ainda nos encontramos na senda da descoberta. Tal como todos os casais que fazem o longo e profundo caminho da verdade entre si, tocamos por vezes num nível no qual ainda muito se encontra por dizer. Ainda existem áreas onde o inconsciente reina, nas quais de súbito a raiva e o medo prevalecem. De onde é que isto vem?

Chamamos a este nível o "campo minado", uma área onde um único comentário descuidado pode despoletar uma emoção inesperada e violenta no outro. Ao vivermos juntos, aprendemos geralmente a conhecer e evitar os "campos minados" uns dos outros. Alguns assuntos tornam-se tabu de modo a evitar as explosões emocionais.

O campo minado é o nó traumático entre os géneros. Este resulta das violações históricas que as mulheres e os homens infligiram um ao outro. Sempre que as condições para o amor e para o desejo não puderam ser encontradas, seguiu-se violência e destruição, dor foi infligida, as pessoas retraíram-se, o ódio, a raiva, o medo e uma luta amarga foram despoletados.

Esta experiência foi tão dolorosa que ninguém a quer experienciar novamente. Consequentemente, protegemos esta zona e construímos sobre ela toda uma civilização de dissimulação. Mas os casais que percorrem em conjunto um longo caminho, acabam eventualmente por tocar de novo nestes nós de dor. Os conflitos são inevitáveis. A maioria dos casais tentam resolver entre eles as suas disputas. Estoicamente, estes tentam resolver algo sem se aperceberem que são as condições sociais da nossa cultura que tornam a solução tão difícil. A partir daqui, ou eles concordam em separar-se, ou irão pactuar com uma coexistência superficial onde não irão tocar nos pontos quentes do seu contacto; mas através disto, estes deixarão de tocar também na alma um do outro, no seu âmago de verdade, e o amor será perdido. Secretamente, estes olham à volta em busca de outras oportunidades.

Queremos desatar este nó no mundo; em nós mesmos e nas nossas relações amorosas pessoais. E isso dá trabalho.

A guerra emana fundamentalmente do nosso inconsciente; das partes de nós mesmos que se encontram reprimidas. O trabalho de cura é uma trabalho de consciência. Onde existe consciência não pode haver guerra.

A Escola de Amor tem como desafio desenvolver métodos através dos quais possamos testemunhar os nossos sentimentos mais recônditos, e através dos quais possamos encontrar uma linguagem para expressar esses sentimentos, tornando-os mais visíveis e mais fáceis de compreender, em nós próprios e entre uns e outros.

Na Escola Global de Amor procuramos respostas para assuntos que ainda não estão resolvidos. O mundo precisa de locais onde a investigação no amor e na sexualidade possa ser desenvolvida com esta profundidade. Tamera pretende desenvolver respostas tanto na área ecológica e tecnológica como na área do amor, no sentido de uma evolução e revolução do Eros, em nome da transformação e da cura no amor.

Estou extremamente grata pela geração de jovens que estudou em Tamera e que tomou, muito profundamente, a decisão de construir a Escola Terra Nova. Para mim, é essencial a construção de uma plataforma de educação na qual pessoas de todo o mundo possam estudar os mesmos temas – aprofundando questões e trocando ideias para que possam ver com mais clareza as questões, respostas e soluções. Estou grata pela existência da Escola Terra Nova. E a Escola Global de Amor faz parte desta educação.

A Polaridade entre os Sexos

O homem e a mulher são duas metades da humanidade. São forças polarizadas. Como poderemos nós arquitectar a sua polaridade de forma a que seja criada uma voltagem positiva entre ambos? O que é que dá equilíbrio ao encontro entre os géneros?

Esta é a investigação central da Escola Global de Amor, e por esse motivo questionamo-nos novamente: O que significa ser mulher? E o que significa ser homem? Que capacidades, que oportunidades, que tarefas estarão envolvidas?

A emancipação das mulheres foi um primeiro passo histórico de liberação, mas este foi também muito doloroso, especialmente para as mulheres, pois os valores do movimento feminista desenvolveram-se num ambiente social ainda predominantemente patriarcal. A exigência de igualdade conduziu a uma comparação com os homens. Muitas mulheres ficaram desorientadas com estes parâmetros de avaliação. O que uma verdadeira identidade feminina significa é uma questão de investigação que não pôde ser respondida tão rapidamente.

A emancipação feminina que hoje necessitamos não se dirige contra os homens e não se opõe ao nosso amor pelos homens. Pelo contrário, esta escolhe determinadamente deixar para trás as estruturas masculinas que nos conduziram à destruição do planeta.

O futuro que procuramos não é patriarcal nem matriarcal, mas é antes uma cultura de parceria e confiança entre pois pólos igualmente poderosos: o masculino e o feminino.

Isto remete-nos para as áreas da religião e da espiritualidade. O Divino inclui ambos, feminino E masculino. Em todas as culturas da antiguidade, existia a Grande Deusa e existiam depois deuses e deusas que se empenhavam na busca pelo equilíbrio. O que era adorado nesses deuses, era o que havia de igual em todos os homens e o que havia de igual em todas as mulheres. Mas este equilíbrio perdeu-se. Poderíamos dizer que "Roubaram a Deusa ao Deus. O céu tornou-se desta forma um lugar muito solitário. Não é de estranhar que este se tenha tornado tão intolerante e castigador". O panteão do futuro precisa de criar de novo um espaço para o feminino, para que possa haver paz na Terra.

Vivemos em tempos de transformação. Testemunhamos o nascimento de uma nova era. Tenho esperança que, juntos, consigamos encontrar uma orientação e visão comuns, de forma a ligar o trabalho que realizamos nas áreas de crise – onde a ajuda é tão necessária – com este trabalho de construção de comunidade nos locais onde vivemos, e com o trabalho para a paz no amor.

Obrigado pela vossa atenção. Desejo-vos um tempo de estudo com muita alegria, poder e profundidade.

A CURA DO AMOR

Por que tivemos de conceder ao amor entre os géneros um papel central no nosso projecto

Dieter Duhm, 2013

Sou o fundador de um projecto comunitário, que hoje se conhece pelo nome de Tamera. Tamera é um Centro de Pesquisa para a Paz situado no Sul de Portugal, que recebeu reconhecimento mundial pelos seus conceitos de renovação ecológica e social, assim como pela sua escola internacional "Global Campus" (Campus Global), a qual dissemina ideias para um mundo novo na Terra. A sexualidade, o amor e a parceria têm sido, desde o início, pedras angulares da nossa investigação. Uma cultura verdadeiramente humana emerge da relação humana entre os géneros. Com esta finalidade, fundámos a "Global Love School" (Escola Global do Amor) sob a direcção de Sabine Lichtenfels. Mais à frente, vou explicar por que tivemos de conceder à sexualidade e ao amor um papel preponderante no nosso projecto.

Nas notícias voltou a surgir mais uma daquelas histórias terríveis que marcam a vida quotidiana na Alemanha: um pai de família, amável e carinhoso, que até à data vivia uma vida discreta, aproveita a ausência da sua mulher para matar os seus três filhos e posteriormente acabar com a sua própria vida.

Será um caso isolado? Como explicar então os inúmeros casos semelhantes? Como explicar os dramas sentimentais, os casamentos fracassados, o desespero dos amantes, o sofrimento das crianças, a raiva crescente e a sua consequente explosão sob forma de vingança, violência e guerra? O amor frustrado, a angústia da separação, o ciúme e o desespero não são assuntos meramente privados: estes dizem respeito à humanidade inteira. O drama da humanidade deve-se em grande parte ao tema do amor insatisfeito. Quantos assassinatos são produto do amor não correspondido? Quantas mulheres morrem nas mãos de homens que não se sentem aceites por elas? Quanto terão de sofrer as crianças, quanta solidão, quanta desolação é gerada diariamente numa sociedade que não resolveu o seu tema do amor e da sexualidade? Se nos atrevemos a abrir os olhos para o sofrimento do mundo, não existem muitos motivos para consolo. Ainda assim, existe uma cura mundial para o problema.

No epicentro anímico do universo humano encontra-se a relação entre ambos os géneros, homem e mulher, que constituem as duas metades do ser humano e se encontram numa situação de interdependência, tanto ao nível da alma como do corpo. Juntos, o homem e a mulher concebem filhos, e este acto de procriação encontra-se intimamente ligado a um apaixonado desejo mental e físico. Que dádiva do universo, que a procriação se encontre ligada ao prazer e à alegria! Para que a vida humana possa florescer, as duas metades do ser humano devem encontrar-se satisfatoriamente. Se este encontro não é satisfatório, originam-se novos desastres humanos; calamidades como o cancro, a pornografia infantil, o sadismo, o ódio, a violência e a guerra. Também o mundo animal sofre fruto desta dor, pois os massacres que são hoje cometidos diariamente contra animais em matadouros e laboratórios só podem ser levados a cabo por um ser humano que fechou o seu coração.

A violência inconcebível que hoje se exerce por toda a parte contra seres humanos e animais deve-se a este fechar dos corações. Esta violência atribui-se também às acções de bancos, empresas e multinacionais, mas os seus planos só puderam ser implementados porque a sociedade fechou colectivamente o seu coração. Enquanto as duas metades do ser humano não se unirem de forma satisfatória, irá remoer na alma uma infelicidade que a riqueza e o conforto da vida moderna não poderão apaziguar. É esta calamidade do amor insatisfeito, que independentemente de todos os apelos morais e religiosos, continua repetidamente a produzir o "mal". Nos bastidores da sociedade burguesa, acontecem hoje coisas inimagináveis. As violações conjugais, as tragédias familiares, os assassinatos por ciúme e os abusos de crianças estão na ordem do dia. Que se passará dentro de uma alma humana adulta, quando para aliviar as suas pulsões sexuais esta recorre ao sexo com crianças! Aqui, de nada serve a indignação moral, o problema apenas se resolverá construindo uma nova cultura sexual que devolva ao ser humano a alegria que foi perdida num mundo hostil ao amor.

No seio da relação entre os géneros, encontra-se o mistério do amor e da sexualidade. O anseio mais profundo da humanidade é o anseio por este amor, tanto pelo amor da alma como pelo amor sensual, físico. Com que êxtase um homem e uma mulher se abraçam pela primeira vez! E ainda assim, o que resta dessa alegria passados dez anos? A realização sexual é, tal como a realização religiosa, uma das fundações para a felicidade humana. Os géneros passaram séculos procurando-se mutuamente e falhando o seu encontro. E estes continuarão nesta busca até que encontremos uma solução. O mundo desvanece-se nesta saudade. A cura desta saudade é uma das principais tarefas globais do nosso tempo. Abre-se uma nova etapa de evolução diante de nós. Quando a guerra latente entre os géneros terminar, não existirão mais guerras no mundo.

A dor mundial no amor é consequência de uma guerra milenar, de uma sucessão de atrocidades inimagináveis cometidas em nome da autoridade patriarcal sobre a sociedade em geral, e especialmente sobre as mulheres. Todos carregamos este trauma colectivo como herança genética nas nossas células; todos seguimos a informação inconsciente do medo e da violência. Para instituir o seu poder através da Igreja e do Estado, o mundo patriarcal precisou de reprimir a sexualidade e submeter a mulher aos mandamentos do domínio masculino. A obediência da mulher passou a ser uma condição necessária à potência masculina, e o sexo e o poder foram deste modo inseparavelmente entrelaçados. As mulheres que não obedeciam eram castigadas ou eliminadas, como Hypatia de Alexandria. Em muitos países, o poder masculino sobre a mulher tomou formas inconcebíveis. No ano de 1487, em plena Idade Média, foi publicado O Martelo das Bruxas, um manual para o extermínio de todas as mulheres, ambicionando deixar com vida apenas aquelas necessárias para fins meramente reprodutivos. O livro foi escrito por dois monges e não tardou a tornar-se no livro mais lido na Alemanha, depois da Bíblia. Este é um dado que é preciso salientar, pois é difícil acreditar. Após a sua difusão, as mulheres que se destacavam, quer por serem atraentes, pelo seu carácter particular ou pela sua valentia, eram difamadas como bruxas e queimadas vivas. Queimadas vivas!

Se nos detemos a pensar nas condições que a facção feminina teve de suportar em todo o mundo, é quase um milagre que ainda existam mulheres capazes de amar. Este é um tema muito profundo, e eu quero neste ponto agradecer a todo o género feminino. Na metade feminina da humanidade deve habitar um coração extraordinariamente estável e fiel: fiel a uma metade masculina que durante milhares de anos a oprimiu e maltratou. Que insanidade! A humanidade obstruiu a sua fonte inata de felicidade, e desta forma destruiu-se a si própria. Geração após geração, ao longo dos séculos, o homem transmitiu aos seus descendentes uma falsa propaganda que demonizou a carne, e que levou ao castigo brutal de crianças e à queima das bruxas. Aquilo que originalmente nos foi dotado para o amor e para a alegria, foi ostracizado e perseguido. E assim a humanidade começou a odiar o que antes amava. Ainda hoje, a nossa cultura sofre desta perversão de valores. O pecado original do ser humano não é a carnalidade, mas antes a sua repressão. Desde o momento em que a luxúria da carne foi associada à perversão e começou a ser erradicada da forma mais cruel, a verdade deixou de ter espaço na sociedade.

A natureza sexual da mulher foi-lhe concedida por Deus, como dote para uma vida alegre neste mundo. A luxúria da carne é o desejo mais profundo que nos foi concedido para o entendimento da vida. Ainda assim, que mulher pode hoje professar livremente a sua natureza, o seu desejo, a sua fome sexual? E que homem se atreverá a falar da "natureza sexual" das mulheres sem ser imediatamente caluniado de "sexista"? Cada mulher possui um ponto de natureza selvagem que o casamento reprime e amansa. E cada homem vê também uma Lilith em cada mulher, cujo poder sexual é temido. A natureza selvagem não encaixa no lar conjugal, nem nas convenções tradicionais de moral e decência. A esposa rechonchuda, que vive obedientemente ao lado do seu marido, vive desta forma numa dissimulação perpétua e secreta. O homem sente isto, observa-a e faz acusações diárias. As crianças que, nestas condições recebem muito pouco amor, começam por sua vez a mentir, a roubar e a envolver--se em conflitos, adicionando um novo elemento a esta cadeia trágica e interminável. Necessitamos de uma outra ética e de uma outra cultura sexual para estarmos à altura da afluência constante de imagens de carga sexual. Em última análise, é necessário estabelecer uma nova relação com a verdade, com a vida e com todas as criaturas: precisamos pois de uma nova civilização, que terá de ser construída por todo o mundo a partir do conceito dos biótopos de cura globais.

No centro do nosso trabalho de cura encontra-se uma nova relação entre os géneros, baseada na confiança e na solidariedade. Para que os géneros possam revelar-se um ao outro, estes precisam de um nível de confiança primordial que dificilmente encontrou espaço no contexto patriarcal. Precisamos de novos modelos, novas estruturas sociais e novas noções do amor, para que as antigas decepções possam ser ultrapassadas. Quando estivermos em condições de colocar um fim à guerra no amor, poderemos libertar o mundo da guerra. Poderemos libertar a mundo da violência, quando estivermos em condições de acabar com a violência na sexualidade – sem por este motivo reprimir a nossa própria natureza selvagem! A paixão pode permanecer: caso esta se associe à confiança, não conduzirá à violência, mas a uma doçura espirituosa. Tudo isto foi maravilhosamente estabelecido no plano da criação.

Existe algo no núcleo da vida que todos amamos infinitamente. Caso a humanidade consiga dar permanência a este "algo", teremos encontrado um caminho histórico para a felicidade. A sabedoria do Oriente formulou este pensamento num belo aforismo: "O Tao é o caminho que não pode ser abandonado. O caminho que pode ser abandonado não é o Tao". E porque não substituir a palavra "Tao" por este mais profundo "amor reconhecedor"? O amor reconhecedor também tem um significado na sua faceta corporal, pois este realiza-se no corpo e na carne, da mesma forma que "o verbo tornou-se carne, e viveu entre nós". Não podemos evitar maravilhar-nos perante a quantidade de verdades que é possível encontrar na Bíblia, assim que lemos para além das suas deturpações. E o ponto culminante é encontrado na história do pecado original, quando Adão prova o fruto da Árvore do Conhecimento e descobre o prazer sexual: "Adão conheceu a Eva, sua mulher", diz o livro de Génesis. Em Hebreu a palavra "reconhecer" significa também "relacionamento sexual"! Eles sabiam!

A cura do amor é dificilmente levada a cabo nos encontros face-a-face entre parceiros, pois ambos se encontram demasiado envolvidos no seu problema. Esta cura está ligada a um processo de renascimento interior. Para nos tornarmos capazes de amar, temos de aprender a não nos abstrairmos connosco próprios e a participar no mundo. A participação é um mistério do amor, que nos remete inevitavelmente para o campo da ética. Participar significa confiar, dissolver as barreiras do medo, superar preconceitos, e abrir os cadeados com que fechámos o nosso coração. Para nos tornarmos capazes de amar temos de desenvolver um novo sistema de vida no qual uma verdadeira confiança entre pessoas possa surgir e solidificar. Os novos centros – aos quais chamamos Biótopos de Cura – podem ser entendidos como estufas para o crescimento de confiança. A confiança é o ponto crucial. Para libertar as nossas comunidades das falsidades sexuais, desenvolvemos o conceito de "sexualidade livre". Mas o amor livre e a sexualidade livre só ganham um sentido verdadeiramente humano entre pessoas que confiam umas nas outras. É a confiança que abre os corações e os corpos, dissolve as armaduras corporais e cura a alma. Em Tamera, dedicamos muito tempo à ecologia e à tecnologia, à cura da água, à permacultura e à energia não poluente, mas a nossa tarefa fundamental é a criação de confiança entre os nossos estudantes, os nossos colaboradores e as nossas crianças.

Para isto, é necessária uma comunidade funcional. Os temas ligados às áreas do sexo, do amor e da vida em parceria são demasiado pesados para serem deixados nas mãos de indivíduos. Estes são temas de relevância histórica que abarcam toda a humanidade. Necessitamos então de comunidades que conheçam o tema, e que sejam estabelecidas sobre uma base fundamental e absolutamente solidária para com quem se revele a si mesmo com as suas questões. Para isto implementámos um método que chamamos "Fórum SD". SD significa auto-expressão ("SelbstDarstellung") e é um processo no qual o actor se mostra ao grupo sem reservas, com os seus medos e conflitos, sem medo de condenação. Aqui, trata-se da aprendizagem de solidariedade. Assim que as pessoas se reconhecem mutuamente nas suas aflições partilhadas, podem prescindir da dissimulação e viver num maior nível de confiança. "Ser visto é ser amado", é uma afirmação verdadeira. Mas há que ser corajoso para nos deixarmos ser vistos. Tivemos de desenvolver muitos métodos invulgares para encontrar o caminho da verdade no campo do amor. Estamos longe do fim, mas talvez já tenhamos cruzado o ponto médio da "ponte-suspensa". Tem sido um trabalho longo e por vezes desgastante. Aqueles que vêm para Tamera em busca de sexo fácil talvez seja melhor escolherem outro destino.

Para a convivência entre os géneros, elaboraram-se algumas regras básicas que podem resumir-se num cânone ético para a fundação de uma nova cultura:

- O amor é o maior bem cultural da humanidade.
- A confiança entre os géneros é a base para um futuro sem guerra. Nunca enganes o teu parceiro amoroso.
- Só podes ser fiel se te for permitido amar outros. O amor livre e o amor de um casal não são mutuamente exclusivos, mas antes complementam-se.
- O ciúme não faz parte do amor.
- O companheirismo não vive de exigências mútuas, mas do apoio recíproco.
- Sadismo e masoquismo emergiram como formas de descontrolo sexual. A violência não faz parte da sexualidade e do amor.
- Não ao sexo com crianças.
- As acções sexuais nunca deverão ser praticadas contra a vontade de nenhum dos parceiros.
- No amor não existem exigências nem direitos de posse. Os problemas nos relacionamentos não podem ser resolvidos legalmente, mas apenas com o apoio de uma comunidade solidária.
- Se tens de decidir entre o amor e qualquer outra coisa, escolhe o amor.

Na relação das mulheres com os homens têm-se desenvolvido modelos de comportamento que poderão talvez enquadrar-se num "feminismo gentil". As mulheres começam a explorar a fonte do seu feminismo e a construir a sua própria força soberana que já não depende da relação com um único homem. Neste sentido, produz-se uma nova consolidação da mulher no "Holon" (o todo) da vida e da sociedade humana. Sabine Lichtenfels, no seu livro "Weiche Macht" (Poder Gentil) (p. 249 na versão da edição alemã) descreve esta nova relação da seguinte forma:

O domínio masculino caracterizou os últimos 3.000 anos de história, estabelecendo ao longo deste período um princípio de força bruta. O poder das sociedades dominadas pelo homem baseia-se na quebra de resistências, e expressou-se na forma de conquistas, guerras religiosas, métodos de educação e processos técnicos para a modificação da natureza. Por culpa destes mesmos processos, o homem moderno manobrou-se a si próprio até um beco sem saída interno, do qual este não conseguirá escapar sem o apoio da mulher. Não pretendemos reestabelecer as antigas estruturas matriarcais, nem queremos instaurar de novo um sistema de domínio ou de tutela direccionado contra os homens. O poder feminino não se direcciona contra os homens, nem se opõe ao nosso amor pelos homens, mas abandona decididamente as estruturas masculinas que contribuíram para a extinção global da vida e do amor. [...] Sem uma tomada de posição pública por parte das mulheres, ninguém poderá escapar deste beco sem saída. Depende de nós mulheres assumirmos novamente a responsabilidade política e sexual que por tanto tempo nos foi retirada. Convidamos todos os homens dedicados a juntarem-se ao nosso trabalho pela paz.

A cura do amor entre os géneros não se reduz à cura das relações entre os géneros: esta abarca também uma mudança na nossa relação com a natureza, na cooperação com todas as criaturas, na cura da água e no amor por todos os animais. De forma a curar a dor primária da separação, precisamos de uma reintegração do nosso universo humano no universo comum da vida. Em última análise, trata-se de reestabelecer a ligação com "Ómega", o centro divino em todas as coisas. "Amar é aproximarmo-nos uns dos outros, centro a centro", escreveu Teilhard de Chardin. O objectivo do nosso trabalho é uma nova terra, Terra Nova. Enquanto uma única criança passar fome neste planeta, uma única rapariga for mutilada, uma única mulher for violada, um único animal for torturado, ou um único jovem for forçado a ir para a guerra, algo de errado se passa neste mundo. Continuaremos com o nosso trabalho, sem cessar.

Pela solidariedade e pelo amor entre os géneros.
Por todas as crianças da Terra.
Por um futuro sem guerra.

III BASE MATERIAL

O SEGREDO DA ÁGUA COMO BASE PARA A NOVA TERRA

Restabelecer o Ciclo Hidrológico através da Criação de Paisagens de Retenção de Água

Discurso livre de Bernd Müller, editado em 2013

"Água, alimento e energia estarão gratuitamente disponíveis a toda a humanidade, assim que abandonarmos as leis do capital e seguirmos a lógica da natureza."
Dieter Duhm

Coloco esta citação no início do meu discurso porque quero pedir-vos para reflectirem nesta visão de um mundo curado tão frequente e vividamente quanto puderem. Não podemos habituarmo-nos a um estado no qual algo que é uma evidência em si mesmo, nos parece uma utopia irrealista. Um mundo onde todos os seres humanos tenham livre acesso a água, energia e alimento é perfeitamente exequível. Há mais de oitenta anos atrás, ideias semelhantes foram descritas por Viktor Schauberger, um génio brilhante na investigação da água, um pioneiro e um líder de opinião ao mais alto nível que, já naquele tempo, previa os problemas globais que hoje enfrentamos e demonstrava como estes poderiam ser resolvidos. O ponto-chave da solução está na relação correcta com a água. E por isso, gostaria de dirigir o meu discurso para a questão da água.

Água é vida. E onde há vida existe também alimento e energia.

O período de 2010 a 2020 foi declarado pela Organização das Nações Unidas como sendo a "Década das Nações Unidas para os Desertos e para o Combate à Desertificação". Hoje em dia a desertificação progressiva é um dos maiores problemas globais. Mais de 40% da superfície terrestre do planeta é considerada árida. Também na Europa e, por exemplo, aqui no sul da Península Ibérica, o processo de desertificação é dramático. Um terço da área de Espanha já se transformou em terreno árido. Ainda assim, a maioria das zonas áridas encontra-se nas regiões mais pobres do nosso planeta Terra. Actualmente, milhares de milhões de pessoas encontram-se privadas de acesso a água potável de boa qualidade. Apesar de ainda o tentarmos ignorar sabemos que, entre as causas responsáveis, está o estilo de vida praticado nos países industrializados. Um estilo de vida que a cada dia, a cada hora e a cada minuto, contribui para que noutras zonas do planeta as crianças estejam a adoecer e a morrer devido ao consumo de água contaminada, seres humanos a lutar pelas suas últimas reservas de água e animais a morrer de sede. A água, que é a fonte essencial da vida, é hoje motivo de guerras, disputas de poder, doenças e fonte de um sofrimento imenso.

Neste sentido, em 2008, o presidente da Bolívia, Evo Morales exigiu na sua proposta "Dez Mandamentos para Salvar o Planeta, a Humanidade e a Vida", que se tomassem medidas para lidar com esta crise global da água e para se declarar o acesso à água como parte integrante dos Direitos Humanos. Estou plenamente de acordo com esta exigência. A razão pela qual faço este discurso é para que todas as pessoas e animais recuperem o livre acesso a água potável de boa qualidade. Foi com este objectivo que desenvolvemos o projecto das Paisagens de Retenção de Água e a Escola Terra Nova.

A desertificação como resultado da gestão incorrecta da água

Nós, seres humanos, temos conhecimento suficiente para transformar desertos e semi-desertos em paisagens repletas de vida, ricas em água e nascentes. Na maioria dos casos, a desertificação não é um fenómeno natural, mas o resultado de uma gestão incorrecta da água à escala mundial. Os desertos não são o resultado da escassez de água das chuvas, são antes a consequência de um tratamento incorrecto que é dado à água pelo ser humano.

Um exemplo: a nossa região, o Alentejo, é considerada terreno semi-árido. Ainda assim, tem chovido intensamente nesta última semana. A quantidade de precipitação nestes últimos dias teria sido suficiente para satisfazer todas as necessidades de consumo de água potável e de uso doméstico de toda a população desta área. Apesar disto, a água acabou por se escoar sem qualquer tipo de aproveitamento, tendo até um efeito destrutivo: arrastou o solo fértil, erodiu as fundações das pontes e inundou estradas, aldeias e cidades. As pessoas estão agora ocupadas com a reparação dos estragos, que lhes consome tempo e dinheiro. Na próxima época das chuvas, o mesmo cenário irá repetir-se e ninguém parece ter tempo para pensar em investir em novos sistemas, que proporcionem ao longo do ano o acesso a água de boa qualidade e que ao mesmo tempo previnam inundações.

Em Portugal, o Inverno é abundante em chuva e os verões são bastante secos. Há poucas décadas atrás, o sul de Portugal apresentava-se como uma região onde até no Verão as ribeiras se mantinham, transportando água ao longo de todo o ano. Hoje em

dia, estas ribeiras apenas enchem durante a época
das chuvas, permanecendo secas durante o resto do
ano. O ecossistema está em completo desequilíbrio.
Este cenário repete-se por todo o mundo de formas
diferentes, de acordo com cada uma das regiões
climáticas. Por todo o lado observamos os efeitos
destructivos das cheias e dos deslizamentos de terra,
com consequências devastadoras para os seres humanos, os animais e para a natureza. Chamamos a
isto "catástrofes naturais" quando, na verdade, são
catástrofes criadas pela intervenção dos seres humanos
na natureza.

O ciclo hidrológico parcial

Como é que podemos alterar esta situação, tanto a nível
local como global? O que é que significa uma mudança
de sistema em termos de gestão de água e como é que
podemos iniciar este processo? Para encontrar respostas
a estas perguntas, teremos de analisar novamente a
situação que hoje em dia encontramos por todo o
globo. Esta situação corresponde ao ciclo hidrológico
parcial, como foi descrito por Viktor Schauberger: A
água evapora, forma nuvens e precipita-se. A seguir,
a chuva atinge um solo que, fruto do sobrepastoreio
e da desflorestação, se torna árido e é agora incapaz
de absorver a água. Anteriormente, o planeta estava
protegido por uma densa variedade de vegetação.
Assim, o valioso húmus podia formar-se e absorver
a água como uma esponja. No entanto, actualmente,
esta vegetação rica em variedades de espécies foi
destruída em larga escala, as florestas foram abatidas,
os prados foram mal utilizados por excesso ou falta
de pastoreio, grandes áreas foram "seladas" através do
desenvolvimento urbano ou da utilização explorató-

ria. A vegetação encontra-se enfraquecida pela sobre-exploração das pastagens e a camada superficial do solo é levada pela chuva. O solo agora desprotegido aquece e, uma vez que a sua temperatura é superior à temperatura da chuva, perde a capacidade de a absorver. O solo fecha-se tornando-se duro e compacto e a água da chuva escoa-se pela superfície. Depois, a água acumula-se em grandes caudais que transportam rapidamente as partículas de solo fértil arrastadas. Neste processo, qualquer camada de terra fértil superficial ainda existente é levada juntamente com a água, agravando o processo de erosão. No ciclo hidrológico parcial, a água veloz enche rapidamente os rios e as ribeiras. Com as chuvas intensas, estes cursos de água transportam grandes quantidades de solo e outros materiais, que depois não conseguem ser depositados na curva seguinte dos meandros do rio porque a água já não se move de forma sinuosa por onde passa; os rios foram endireitados e as suas margens foram reforçadas artificialmente. O precioso solo, tão necessário nos campos, sedimenta-se agora pelo rio abaixo. Os cursos de água tornam-se assim progressivamente pouco profundos, abrindo brechas nas margens e provocando inúmeros estragos, especialmente nas cidades situadas junto à foz dos rios.

No ciclo hidrológico parcial os rios carregam agora torrentes de água poluída e enlameada ao invés de transportarem água limpa de nascente. Já não existem espaços onde a água tenha tempo para parar, amadurecer e enriquecer-se com minerais e informação. São raros os jovens neste mundo que ainda conhecem caudais que transportem água limpa de nascente.

O esgotamento dos aquíferos

Quando a água deixa de ter condições para se infiltrar no corpo da terra, os depósitos de água subterrânea tornam-se escassos. Em consequência da aridez resultante, a vida no solo ressente-se devido à seca, os microrganismos retiram-se, a fertilidade da terra diminui dramaticamente e o número de plantas e animais em condições de sobreviver torna-se gradualmente menor. A seca e a perda de biodiversidade são os indicadores mais importantes do processo de desertificação.

Por todo o globo, os níveis dos aquíferos estão em queda dramática. As reservas globais de água potável estão a diminuir. A não ser que encontremos uma forma de parar este processo que enfrentamos na questão da água, dar-se-á seguimento ao fenómeno actual cujas consequências conduzem directamente a cenários apocalípticos. Através da queda do nível friático, o equilíbrio entre a água doce da terra e a água salgada do mar já não pode ser mantido. A força de contra-pressão outrora existente no solo desaparece devido à queda do nível friático. Na ausência de uma frente de água doce, a água salgada infiltra-se profundamente no solo e as reservas de água doce tornam-se gradualmente salobras. O ecossistema entra em colapso - uma situação praticamente irreversível. Este processo encontra-se já em curso em diversas áreas costeiras por todo o mundo. Também aqui na região costeira da Península Ibérica as águas subterrâneas se vão tornando salobras.

Mas que futuro se pode esperar para a humanidade se não existir mais água natural e potável disponível? Não podemos virar as costas e permitir que aconteça algo passível de ser prevenido. Já existe conhecimento para solucionar este problema, só temos agora de o colocar em prática.

Nós sabemos: não é assim que o planeta Terra está destinado a ser; não é assim que a coexistência entre os seres humanos, os animais e o planeta deve ser; não é assim que a vida deve ser.

O grande ciclo hidrológico (ou ciclo completo)

Observemos agora novamente o cenário saudável. O grande ciclo hidrológico (ou o ciclo hidrológico completo) dá-nos a seguinte imagem: a água da chuva cai no solo e é absorvida por uma camada superficial de húmus que a absorve como uma esponja. Não foi assim há tanto tempo que em Tamera todo o território se encontrava coberto por uma camada de solo fértil, atingindo até cerca de meio metro de profundidade. Este cenário observava-se em todo o território português e pela Europa em geral. Esta camada superficial de solo rico em húmus, protegida do sol e amparada pelas raízes da flora existente, absorvia a água e permitia à chuva infiltrar-se mais profundamente no terreno, repondo as reservas de águas subterrâneas da terra. Desta forma, a zona subterrânea do corpo terrestre actuava como um órgão de reserva. Nas profundezas da terra, a água "descansa" em diferentes profundidades, às vezes por longos períodos de tempo. Ainda sabemos muito pouco acerca do que realmente acontece à água a essa profundidade e nessa escuridão. Sinto esta fase do ciclo hidrológico como a parte "feminina", ou como parte da "alma" do ciclo hidrológico. O que podemos dizer é que nessa zona a água "amadurece", mineralizando-se e absorvendo informação. Esta capacidade de armazenar informação é uma qualidade essencial e uma das características mais misteriosas da água.

Na terra saturada, a água arrefece ao atravessar as camadas de solo. Onde o grande ciclo de água está intacto, a água regressa à superfície sob a forma de água de nascente, maturada e com uma temperatura de +4°C. Este tipo de água de fonte tem um imenso poder de cura para a Terra e todas as suas criaturas.

Os rios e as ribeiras que transportam esta água de nascente, e aos quais é permitido um movimento sinuoso de acordo com a natureza do seu Ser, geram um efeito regenerativo no solo. Entretanto, a água revitaliza-se à medida que flui progressivamente ao longo do seu percurso. Nas margens destes cursos de água surgem diversos biótopos onde a vida se desenvolve.

A água move-se contínua e constantemente no grande ciclo hidrológico. O solo actua como um regulador, absorvendo grandes quantidades de água de uma só vez, libertando-a depois lentamente. Desta forma previnem-se as cheias e, simultaneamente, os aquíferos têm água ao longo do ano inteiro. Atinge-se o equilíbrio entre a época das chuvas no Inverno e a época seca no Verão. Este princípio aplica-se a todas as regiões climáticas. Este grande ciclo hidrológico, no qual o corpo terrestre cumpre novamente o seu papel na totalidade, cria estabilidade e equilíbrio em qualquer lugar.

Reabilitar a Natureza criando Paisagens de Retenção de Água

Hoje em dia, esta camada de húmus no solo desapareceu da maior parte da superfície terrestre. Nesta última década, o processo de erosão progrediu de forma tão rápida e extensiva que já se pode falar em desastre global. Por esta razão, não podemos perder tempo com a criação de ecossistemas que só começam a produzir uma fina camada de húmus no solo daqui a 30 ou 40 anos. Precisamos urgentemente deste efeito de esponja estabilizador, o mais rapidamente possível. Temos de encontrar uma forma de proporcionar esta absorção de água no solo, mesmo na ausência de húmus, para completar o ciclo hidrológico. Foi assim que surgiu a ideia das Paisagens de Retenção de Água.

As Paisagens de Retenção de Água são sistemas que têm como função restaurar o grande ciclo hidrológico através da retenção da água da chuva no local onde esta cai. Existem várias técnicas para reter a água da chuva no terreno, e estas podem ser usadas em diversas combinações. Por exemplo, através de diferentes áreas de retenção tais como pequenas barragens, depressões no terreno (swales), terraços, sulcos profundos ao longo das "keylines" (linhas de nível); ou através da conservação da terra por via de reflorestação, agricultura biológica e métodos especiais para a gestão das pastagens (por exemplo, a Gestão Holística de Pastagens, "Holistic Planned Grazing").

A meta deste trabalho é fazer com que nenhuma água da chuva ou água residual seja escoada terreno fora. Nesse momento, teremos transformado a paisagem numa "paisagem de retenção". Apenas a água de nascente deverá correr pelo terreno. Em Tamera, criámos uma série de bacias de retenção interligadas (desde pequenas charcas a grandes lagos), nas quais a água se pode captar em barragens construídas a partir de materiais naturais. Estas bacias de retenção não são impermeabilizadas com betão, nem com qualquer geotêxtil artificial. Desta forma, a água pode infiltrar-se lentamente no solo, a um ritmo constante.

O conceito de "Paisagem de Retenção de Água" relaciona-se sempre com o tópico de reabilitação da natureza. A criação destas Paisagens de Retenção de Água é uma resposta activa e eficaz ao estado actual de destruição da natureza.

Esta solução foi desenvolvida em Tamera, numa co-operação intensa com o especialista de Permacultura austríaco, Sepp Holzer, e com muitos outros visionários e ecologistas das mais diversas partes do mundo.

Qualquer região habitada por seres humanos é pas-sível de incorporar Paisagens de Retenção de Água. Estas podem e devem ser criadas em todos os locais onde hoje encontramos ecossistemas destruídos ou degradados, em todos os tipos de solo, em todas as regiões climáticas, em todas as encostas e, espe-cialmente, em zonas com pouca precipitação – onde são absolutamente essenciais. Quanto menor preci-pitação existir num ecossistema e quanto maior for o intervalo entre as épocas de chuva, maior urgência existe na criação de Paisagens de Retenção de Água. Mesmo nas regiões tropicais, onde a chuva é abundante, as Paisagens de Retenção de Água representam um passo enorme na reabilitação da natureza. A Paisagem de Retenção da Água substitui, de certa forma, a frágil camada de húmus no solo que após a remoção de uma floresta é, por vezes, completamente arrastada numa única época das chuvas. Consequentemente, através da sua capacidade de absorção de grandes quantidades de água, as Paisagens de Retenção de Água contribuem para a prevenção de deslizamentos de terra que, hoje em dia, são cada vez mais provocados pelas chuvas intensas. Assim, contribuem também de forma directa para salvar vidas humanas.

Talvez ainda existam no planeta zonas florestais nas quais não é necessário intervir devido à existência de uma quantidade suficiente de húmus no solo. Infelizmente, estes são apenas casos isolados.

Neste momento, as Paisagens de Retenção de Água são o impulso regenerativo que o planeta e todos os seus habitantes necessitam urgentemente. Estas podem e devem ser criadas em todos os locais onde as pessoas recuperaram a força, a coragem e, obviamente, o conhecimento necessário para as criar. Neste sentido, precisamos agora de uma direcção e de um poder comuns e determinados. Para criar Paisagens de Retenção de Água por todo o mundo é necessária a criação de centros especiais de educação.

A Escola Terra Nova foi criada para distribuir informação através da Internet, e para apoiar grupos e iniciativas a aplicar este conhecimento nos seus próprios países. Na nossa visão, estas "universidades modelo" poderiam desenvolver-se em qualquer lado de modo auto-organizado, criando espaços para o estudo teórico e prático da paisagem de retenção.

Desta forma é iniciado um processo de mudança de mentalidade que inclui, naturalmente, todos os outros aspectos da vida humana. Uma paisagem para a retenção de águas pluviais só pode funcionar de forma sustentável quando o indivíduo e a vida social estão reintegrados com a natureza e com as ordens mais elevadas da criação.

Como funciona essa reintegração nos dias de hoje e que conhecimentos tecnológicos e sociais estão nela envolvidos, devem ser os tópicos investigados e ensinados a todos aqueles que procuram este conhecimento nestes modelos. Em última análise, este processo de mudança de mentalidade só será completado quando deixar de existir um único ser vivo na Terra ao qual falte água, alimento ou compaixão humana.

Conhecendo o Ser da Água

O primeiro passo para mudar a mentalidade começa com a percepção que temos da água em si como ser vivo. A bacia de retenção de água não deve ser apenas compreendida ao nível técnico, esta pretende também dar a uma nova geração de engenheiros a compreensão do Ser da água. As bacias de retenção de água têm de ser construídas de forma a prevenir a estagnação e a promover a movimentação da água de acordo com o seu Ser.

A água não é apenas uma substância física ou química passível de ser manipulada de acordo com a conveniência da humanidade, ou das normas industriais. A água é um ser vivo. Enquanto civilização moderna, temos de recuperar este conhecimento. Por este motivo, a forma das bacias de retenção de água não é arbitrária.

Observamos a água: como é que ela se quer mover? Que desenho de margens a água aprecia? Que temperatura e que diferenças de temperatura lhe são preferíveis? Será que gosta de formar ondulação ou não?

Todos estes aspectos são incorporados no nosso trabalho.

Como todos os seres vivos, a água precisa de ser livre para se mover de acordo com o seu Ser. A água gosta de se mover sinuosamente, de se enrolar e de descrever curvas e espirais. Desta forma, esta mantém a sua frescura e vitalidade. Através destes movimentos, purifica-se a si própria ao mesmo tempo que abranda

112

o seu ritmo e infiltra-se no corpo terrestre. Ao definir a forma das bacias de retenção de água existem três princípios importantes a respeitar:

• O lado mais comprido da bacia de retenção tem de estar, se possível, alinhado com a direcção predominante do vento. Desta forma, o vento sopra na superfície mais longa da bacia, criando uma ondulação que oxigena a água. O oxigénio é um elemento importante para a purificação da água. O vento e as ondas transportam partículas de detritos para as margens, ficando estes posteriormente presos a plantas aquáticas e sendo eventualmente absorvidos.

• As margens nunca são endireitadas ou reforçadas, mas criadas com formas sinuosas, com declives mais e menos acentuados, de modo a que a água se possa enrolar e fazer remoinhos. Em pelo menos uma das partes da margem devem ser introduzidas plantas aquáticas ou plantas que aí cresçam.

• Devem ser criadas zonas de maior e de menor profundidade. Desta forma, surge uma termodinâmica saudável na água fruto da interacção entre as temperaturas das diferentes zonas. As áreas da margem protegidas do sol reforçam este processo. Assim, os diversos organismos aquáticos encontram o seu habitat correspondente.

A barragem de uma bacia de retenção de água é construída a partir de materiais naturais: não é usado betão nem qualquer película artificial. A camada vertical isolante é constituída por material tão fino quanto possível – idealmente argila – sendo o mesmo preferivelmente extraído do material escavado nas zonas profundas. Esta camada está ligada com a outra camada de subsolo, normalmente situada a alguns metros abaixo da superfície, que não deixa passar a água. A camada isolante é depois compactada e construída, camada a camada, com terra fina e humedecida. De seguida, o material é empilhado de ambos os lados que vão constituir a barragem, com uma mistura de terra coberta de húmus ou de solo superficial, que é depois usada para esculpir a paisagem ou para as plantações futuras.

Usando este método de construção natural, as bacias de retenção de água estão coerentes com o seu meio envolvente em vez de serem incongruentes. Após um curto intervalo de tempo, a vida reaparece nas margens. Por fim, as plantas e, especialmente, as árvores são abastecidas de acordo com a sua natureza com a água que chega por baixo da terra. Desta forma, precisaremos cada vez menos de irrigação artificial e, eventualmente, deixaremos de depender dela completamente.

As forças que ajudam

Ao construir Paisagens de Retenção de Água, existe uma abundância de forças do reino da natureza dispostas a apoiar-nos. Conscientes disto, os futuros engenheiros saberão entrar em contacto com essas forças e saberão pedir a sua cooperação. Milhões e milhões de microrganismos começam a trabalhar imediatamente assim que se apercebem da existência de água, mesmo após a época das chuvas. Estes são os nossos melhores parceiros de trabalho. A maior parte deles vive no solo, fora do nosso alcance visual. Estes seres sentem que está a ser iniciado naquele local um processo sustentável de cura com o qual todos beneficiam. Poderemos não reparar por algum tempo nos efeitos das suas acções, mas sabemos que eles existem e que rapidamente iniciam o seu trabalho. Eike

Braunroth, um especialista na área de cooperação com a natureza, descreve de forma impressionante no seu livro *Harmonie mit den Naturwesen* ("Harmonia com os Seres da Natureza") o que sucede com os animais, até agora considerados como pragas e combatidos de forma correspondente, quando estes são redescobertos como parceiros de cooperação. Eike escreve acerca do exemplo das lesmas, ratos, pulgões, besouros da batata e das carraças:

"A sua ocorrência constante, a sua reprodução desenfreada, as suas intermináveis orgias de comida no meu jardim e a sua resistência aos meus truques, abriu os meus sentidos para uma consciência diferente da vida... Hoje, todos eles vivem uma existência livre de impedimentos. Mostraram-me do que a natureza é capaz: amizade incondicional."

No trabalho ecológico que realizamos em Tamera incorporamos fortemente o aspecto da cooperação. Os pássaros, por exemplo, são parceiros de trabalho imprescindíveis para o processo de reflorestação; isto porque certas sementes têm de passar obrigatoriamente pelo estômago de um pássaro para poderem germinar. Reside aqui uma área fascinante do nosso trabalho e da nossa pesquisa.

Existem também forças de apoio que com as quais ainda estamos pouco familiarizados: Dhyani Ywahoo, uma mestre espiritual Cherokee, ensinou-nos que os relâmpagos são um factor importante na revitalização do solo enfraquecido, caso o solo se encontre suficientemente húmido. No seu livro *Voices of Our Ancestors: Cherokee Teachings from the Wisdom Fire* ("Vozes dos Nossos Antepassados: Ensinamentos Cherokee do Fogo da Sabedoria") descreve:

"À medida que os aquíferos se esgotam, a energia dos relâmpagos não tem lugar para onde ser chamada. A actividade dos relâmpagos é a pulsação, tal como o pulsar do sistema nervoso que anima o nosso corpo. Desta forma, à medida que os aquíferos se vão esgotando existe cada vez menos energia disponível para o crescimento e para a vida. Existem também outros efeitos mais subtis da acção dos relâmpagos."

Sepp Holzer descobriu que os trovões são também uma força de apoio no que diz respeito ao crescimento de diversas espécies de cogumelos comestíveis.

Com estes exemplos, vemos o entusiasmante trabalho de pesquisa que ainda temos pela frente.

Ao estabelecer Paisagens de Retenção de Água, a humanidade entra novamente em cooperação com o espírito da Terra, com o espírito das plantas e dos seres humanos que vivem, ou estão destinados a viver neste espaço. A criação destes sistemas não envolve apenas conhecimentos de engenharia, envolve também a arte de entrar em contacto com os seres vivos e o reconhecimento de que nós, seres humanos, não somos os únicos seres a habitar o planeta. A Criação foi-nos confiada para que a saibamos percepcionar e cuidar. Esta é a tarefa original da humanidade na Terra. É aqui que todo o conhecimento alcançado no passado pelos povos indígenas é reavivado e transferido para a vida moderna.

A Paisagem de Retenção de Água em Tamera

Começámos em 2007 com a construção da primeira bacia de retenção em Tamera. A proposta partiu de Sepp Holzer, que desde há muito nos apoia na recuperação natural e na reabilitação do terreno em Tamera. Até então, pensávamos que vivíamos num país seco. Quando Sepp Holzer nos deu a conhecer a dimensão da primeira bacia de retenção planeada surgiu a questão de quanto tempo seria preciso para encher de água um buraco tão grande. O "Lago 1", como é hoje conhecido, situa-se no centro do nosso terreno. A ideia de olhar, durante anos a fio, para um buraco poeirento e meio vazio, não nos motivou a dar o primeiro passo para a construção da Paisagem de Retenção de Água. Depois, para clarificar as dúvidas, surgiu a ideia de calcular a média anual de precipitação na zona de captação da bacia de retenção. Mentalmente, fizemos uma experiência visual: usámos esta água para encher contentores com a capacidade de um metro cúbico cada, colocando-os um após o outro numa linha. Esta linha estendia-se por mais de mil quilómetros, de Tamera a Barcelona. Isto foi suficiente para nos fazer abandonar a mentalidade de escassez.

Nesse mesmo ano, iniciámos a fase de construção. No primeiro Inverno, a água da chuva encheu dois terços do lago e do corpo terrestre adjacente. Após a segunda época das chuvas, com um nível de precipitação abaixo da média, faltavam apenas uns escassos centímetros para encher a totalidade do lago. No terceiro Inverno, choveu tanto que poderíamos ter enchido muitas outras bacias de retenção. Hoje, apenas quatro anos após o início da construção, é como se nunca tivesse existido aqui outra coisa senão uma bacia de retenção. Muitas das pessoas que visitam Tamera têm dificuldade em acreditar que este *não* é um lago natural. Nas margens, criámos também uma paisagem comestível e plantámos milhares de arbustos e árvores de fruto. As lontras e outros animais selvagens começaram a instalar-se por aqui.

Os pássaros também voltaram: agora temos 93 espécies diferentes de aves em Tamera, sendo algumas destas espécies raríssimas e apenas encontradas em zonas com água em abundância. Já durante o primeiro ano, vimos surgir uma nascente de água que, desde então, tem fluído continuamente.

A construção do "Lago 1" foi apenas o início. Desde então, temos criado muitas outras bacias de retenção.

Em 2011, construímos uma bacia de retenção com cerca do triplo da capacidade do "Lago 1". Com esta construção demos um grande avanço no primeiro vale, de uma paisagem com muita água para uma paisagem de retenção, com uma capacidade de absorver até as chuvas fortes e contínuas.

Esta grande bacia de retenção foi construída na região mais elevada do terreno. Desta forma, só pela gravidade a pressão da água será suficientemente forte para assegurar a irrigação da totalidade do terreno (enquanto esta ainda for necessária), sem termos de despender energia adicional para a bombear. Com a água desta bacia de retenção, situada na zona mais elevada, o nível de água das restantes bacias de retenção manter-se-á quase constante ao longo do ano.

Aqui em Tamera queremos apresentar um modelo que demonstre como todo o Alentejo e, eventualmente, o mundo poderiam ser. Sem água, não pode haver vida. Reformulando a frase de forma positiva: onde existe água, existe vida. Somos cada vez mais capazes de ver e manter a imagem que emerge diante dos nossos olhos se nos perguntarmos a nós próprios: como será se vivermos com água e não sem água?

A visão do paraíso aproxima-se de nós e, rapidamente, saímos desta mentalidade de escassez a todos os níveis! Queria concluir com uma citação de Viktor

Schauberger. Foi retirada de um texto que este escreveu em 1934 (do livro *Das Wesen des Wasser* (O Ser da Água): *"Tudo tem origem na água. Deste modo, a água é o recurso natural universal comum a todas as culturas e o fundamento de todo o desenvolvimento físico ou mental. A revelação do segredo da água trará consigo o fim de todos os excessos de cálculo e de especulação aos quais pertencem todos os tipos de guerra, ódio, inveja, intolerância e discórdia. A investigação aprofundada da água significa verdadeiramente o fim de todos os monopólios, o fim de toda a dominação e o início de um socialismo que emerge do desenvolvimento do individualismo na sua forma mais perfeita. Se formos bem-sucedidos no desvendar do segredo da água, compreendendo como esta pode surgir, seremos então capazes de produzir todas as qualidades de água em qualquer lugar e poderemos então tornar férteis enormes regiões desertas; nesse momento, o valor dos alimentos e da maquinaria associada à sua produção terá uma queda tão grande que não valerá mais a pena especular sobre eles."*

Peço a todos que assimilem esta visão. Peço a todos que vejam como o ser humano está destinado a assumir uma posição de defesa da vida, e que vejam o papel que a criação de modelos desempenha neste contexto. Uma pessoa que recupere os seus direitos humanos toma também uma posição pelos direitos da água – tal como o fez Evo Morales – e entra de novo em cooperação com a natureza e todos os seus seres. Quando reencontrarmos dentro de nós esta imagem de religação com a natureza, poderemos então começar a compreender a frase: "Água, alimento e energia estarão gratuitamente disponíveis a toda a humanidade!".

É assim que a vida deve ser.

PAZ COM A NATUREZA E COM TODAS AS CRIATURAS

Excerto do livro: The Sacred Matrix [A Matriz Sagrada]

Dieter Duhm, 2001

„*Enquanto os seres humanos atormentarem, torturarem e matarem animais, haverá guerra.*"
Bernard Shaw

Domingo de manhã. Hoje, estou na banheira e reparo nuns pequenos animais nos azulejos da parede. São animais muito esguios com cerca de 3 milímetros de comprimento e muitas pernas. Decido considerá-los formigas. De onde vêm? O que é que comem? O que fazem nesta parede? Fico curioso pois estas são co-criaturas, companheiras de evolução; são seres vivos reais e fazem parte da unidade da existência; por esse motivo, têm de certa forma de estar cosmicamente relacionadas comigo. Observo-as no seu passeio domingueiro na parede vertical e vejo como desaparecem por um buraquinho a dentro. É o seu apartamento. Na realidade, foram elas que o construíram por si próprias, no cimento entre os azulejos. O que lhes terá acontecido enquanto o fizeram? Onde foram buscar o entusiasmo e o poder para fazer algo assim? Normalmente, vemos as formigas como uma peste e limpamo-las dali para fora.

Aqui, dois mundos colidem um com o outro, e um deles, o mais antigo, é forçado a ceder e afastar-se. Isto pode estar perfeitamente alinhado com Darwin, mas estará também correcto num sentido mais elevado? Será que temos realmente o direito de destruir um elemento da vida, como se o fosse natural, simplesmente por este não encaixar no nosso sistema de vida? Será o sistema de vida das formigas que está errado, ou será o nosso? Não estará o nosso próprio sistema de vida inadaptado à ordem superior da Criação? Existirá uma possibilidade de co-existência não-violenta?

Há apenas algumas décadas este pensamento teria sido ridicularizado, mas actualmente este torna-se cada vez mais relevante, com cada consideração adicional e com cada nova experiência. Haverá uma possibilidade para um tipo de co-existência que englobe todos os seres vivos? Veremos.

Através da pesquisa em teoria do caos aprendi algumas coisas: coisas que colidem a um determinado nível de ordem, podem harmonizar-se num nível de ordem mais elevado. Se dentro de um determinado sistema ocorrem certas hostilidades, estas podem transformar-se em amizade ao nível de um novo sistema de ordem superior. A solução para muitas questões reside na descoberta de um nível de ordem mais elevado.

Por todo o mundo, a produção agrícola de comida encontra-se associada à guerra química que é hoje levada a cabo contra as "pestes". Estas "pestes" são constituídas por inúmeros seres vivos de pequenas dimensões que vivem em cada campo, em cada jardim, e que naturalmente querem partilhar a colheita. Existem por exemplo minhocas, lagartas, caracóis, insectos, pulgões, ratos, toupeiras, etc. A guerra química não corresponde às regras da Matriz Sagrada, porque com ela o ser humano destrói outros órgãos que, tal como ele, pertencem ao corpo do Todo. Existe uma alternativa que já provou a sua eficiência em pequenos projectos-modelo.

Existem jardins não-violentos neste planeta. Estes são descritos no livro "In Harmonie mit den Naturwesen" ("Em Harmonia com os Seres da Natureza ") por Eike

Braunroth. O princípio baseia-se na comunicação com as chamadas pestes, ao invés da sua destruição. Os jardineiros da paz não utilizam pesticidas nem quaisquer outros métodos de intimidação das pequenas criaturas. A paz é estabelecida através de um acordo entre seres humanos e as demais criaturas.

Por exemplo, Jürgen Paulick, um estudante de Eike Braunroth e que até à sua morte foi colaborador de Tamera, fez o seguinte acordo com os caracóis:

"Eu plantei uma linha de alfaces que pertence a todos nós; eu colherei doze alfaces, e vocês podem ficar com três."

Por vezes, Jürgen até escrevia estes acordos num pedaço de papel que era depois colocado no jardim. De imediato, é fácil imaginar a manchete de um jornal sensacionalista: "Agricultor alternativo escreve carta às pestes". Inicialmente, até podemos reagir desta forma e abanar a cabeça. Mas o engraçado é que este tipo de coisas realmente funciona.

Em Tamera, temos tido contacto com animais de formas que não teríamos acreditado ser possíveis caso não as tivéssemos experienciado. Estas experiências podem ser explicadas devido ao facto de que todos nós, animais e seres humanos, somos parte de **uma** existência e de **uma** consciência. A informação transmitida não pode ser ambígua e tem de ser livre de contradições. Esta tem de brotar de um autêntico espírito de paz e não de concessões relutantes. No ambiente circundante, não devem existir sinais de violência ou destruição, nem mesmo sob forma dos chamados "produtos-cúmplices", para cuja produção foram sacrificados animais.

Será que os caracóis conhecem o número três? Provavelmente não, mas também não têm de o conhecer.

Também o computador não tem de compreender a informação que nele inserimos, e ainda assim este desempenha a tarefa correctamente, fruto de ter sido programado por uma inteligência superior para levar a cabo a tarefa – tal como os caracóis e outros animais. Se formularmos o nosso pedido com a clareza necessária, e se este fizer sentido, este será recebido pelos padrões de informação que guiam os caracóis e ser-lhes-á transmitido como impulso comportamental. O mesmo processo acontece com a aranha que constrói a sua teia. Será que a aranha sabe como construir uma teia? A meta-inteligência que opera no corpo da aranha, através da grelha de informação aracnídea, sabe como o fazer; e nos circuitos da Criação isso é suficiente.

No caso do jardim da paz, a horticultura é um processo espiritual de informação e cooperação, do início até ao fim. Tudo é uma existência e um *"continuum"*: o solo do jardim, as plantas, os animais, os seres humanos, e o mundo dos micróbios são todos parte de um único corpo vital. Caso se encontrem na frequência correcta, todos os sujeitos participantes encontram-se ligados uns com os outros num único circuito de informação.

IV APÊNDICE

Dr. Dieter Duhm

Nasceu em 1942 em Berlin, na Alemanha. Concluiu o seu pós-doutoramento em sociologia, é historiador de arte, autor, psicanalista e fundador do "Plano dos Biótopos de Cura", um plano global para a paz. Em 1967 envolve-se com a esquerda Marxista e torna-se numa das personagens liderantes do movimento estudantil. Dieter faz uma ligação entre as ideias por trás da revolução política e as ideias relacionadas com a liberação do indivíduo, ficando conhecido pelo seu livro: "Angst im Kapitalismus" (Medo no Capitalismo) (1972). Após 1975, Dieter afasta-se do dogmatismo de esquerda e adopta uma abordagem mais humana. Em 1978 estabelece o projecto "Bauhuette" ('Cabine de Construção') e lidera uma experiência social de três anos com 40 participantes, na Floresta Negra, na Alemanha. O tema da experiência é "Criando uma comunidade nos dias de hoje" e engloba todas as questões de origem, significado e meta da existência humana no planeta Terra. A moldura de uma nova possibilidade de existência cresce com os conceitos de 'amor livre', 'ecologia espiritual' e 'tecnologia de ressonância'. Em 1995, juntamente com a teóloga Sabine Lichtenfels e outros, funda Tamera, um centro de pesquisa de paz em Portugal que conta actualmente com mais de 160 colaboradores. Dieter Duhm dedicou a sua vida à criação de um fórum eficaz para uma iniciativa de paz global, à altura das forças destrutivas da globalização capitalista.

Sabine Lichtenfels
Nascida em 1954 em Münster, Alema-
nha, é teóloga e activista pela paz.
Através do cromeleque de Almen-
dres perto de Évora em Portugal,
ela soube em 1995 que podia entrar
em contacto com um conhecimento primordial humano de modo mediúnico. Assim descobriu que
muito antes do nosso tempo viveu uma cultura tribal
pacífica que convivia com a natureza e que pos-
suía um elevado grau de conhecimento no amor e
na vida comunitária. Eles pressentiram o seu fim e
guardaram o seu conhecimento sobre uma vida em
harmonia com a Deusa em cromeleques. Sabine Lichtenfels chamou ao seu modo de vida universal e comunitária «utopia primordial». Foi o seu modelo para
uma comunidade futura e uma universidade pela
paz fundada por ela, Dieter Duhm e muitos outros
no Sul de Portugal: o Biótopo de Cura 1 em Tamera.
Sobre as suas descobertas e viagens de investigação
junto ao cromeleque, Sabine Lichtenfels escreveu
dois livros: «Pedras de sonho. Uma viagem à época
da realização sensual» e «Templo do amor». Em 2013,
fundou a Escola Global de Amor, de forma a difundir
conhecimento necessário à cura do amor.

Bernd Walter Müller

Nascido a 1962 em Colónia, Alemanha. Investigador da natureza, especialista na construção de Paisagens de Retenção de Água, permacultor. Membro de Tamera, um Centro de Pesquisa de Paz, em Portugal, no qual trabalha desde 2007 em estreita cooperação com Sepp Holzer. Hoje, Bernd Müller é o director do Departamento de Ecologia em Tamera, e professor no Campus Global, um centro de treino internacional para trabalhadores para a paz. Em 1986, abandonou os seus estudos de engenharia no sistema de ensino universitário tradicional, por não encontrar aqui as respostas que procurava. Começou então o seu próprio negócio, abriu uma loja de produtos naturais, trabalhou em paisagismo e mais tarde, em tratamento de árvores. Em 1989, emigrou para Serra Nevada, Espanha, onde geriu uma quinta de produção biológica. Aí, encontrou a calma necessária para estudar os processos naturais, através da observação intensiva. Descobriu assim, uma nova e mais subtil cooperação entre o Homem e a natureza. Hoje transfere a inspiração conquistada neste processo de educação autodidacta, para o desenvolvimento prático de modelos ecológicos que visem a reabilitação das paisagens e a restauração do planeta Terra.

Monika Alleweldt

Nasceu a 1954 em Giessen, na Alemanha, é Formada em Engenharia Agronómica (Agronomia). O estágio de agricultura que realizou na Guatemala marcou um ponto de viragem na sua vida. Profundamente tocada pelas impressões causadas por

um país do terceiro mundo, (onde a guerra civil escala agora para o nível do genocídio da população indígena), iniciou uma busca por elementos-chave com os quais pudesse oferecer uma ajuda eficaz ao mundo. Em 1986, encontrou estes elementos fundamentais através da "Bauhütte", um projecto iniciado por Dieter Duhm, Sabine Lichtenfels e outros, e que era de certa forma o protótipo do Centro de Pesquisa para a Paz – Tamera. Foi aqui que encontrou ideias fundamentais e convincentes para as mudanças que procurava. Desde então, tem estado envolvida nesta iniciativa, especialmente nas áreas de relações públicas e publicações.

SOBRE O EDITOR:

Martin Winiecki

Nasceu em 1990. Desde muito jovem envolveu-se politicamente na sua cidade natal, Dresden, na Alemanha. De 2006 a 2009 foi estudante na educação para a paz em Tamera, e integrou o projecto desde então. Desde 2009, foi colaborador do Instituto para o Trabalho Global pela Paz, em Tamera, trabalhando na implementação de uma rede global. A partir de Maio de 2013, assumiu a coordenação da Escola Terra Nova.

Mais informações:
Convidamos todos os que se apaixonem por estes pensamentos e todos os que queiram apoiar a sua concretização a juntarem-se à Escola Terra Nova.

Tamera • Instituto para o Trabalho Global pela Paz
Monte do Cerro • P 7630-392 Reliquias • Portugal
Tlf. +351 283 635 484 • igp@tamera.org
www.tamera.org

Donativos:
A Escola Terra Nova é mantida por uma equipa de jovens que trabalham a título voluntário. O projecto depende de doações mensais regulares, as quais asseguram que a participação na Escola Terra Nova possa continuar a ser oferecida gratuitamente. Os donativos serão utilizados para as palestras, incluindo a realização de vídeos e gravações áudio, assim como para a tradução dos textos nos diferentes idiomas, e para a sua distribuição e entrega online.
Estamos gratos por qualquer contribuição!

Nome: G.R.A.C.E.
Banco: Caixa Crédito Agrícola S. Teotónio
Número de Conta / NIB: 004563324023830233193
IBAN: PT50004563324023830233193
BIC: CCCMPTPL
Descritivo: Escola Terra Nova

É também possível fazer doações via Paypal. Entrem em contacto connosco através do email: igp@tamera.org

Literatura para Estudo Posterior:

Dieter Duhm: **Rumo a Uma Nova Cultura***

Sabine Lichtenfels: **Pedras de Sonho**

Leila Dregger: Tamera: **Um Modelo para o Futuro**

Teilhard de Chardin: **O Fenômeno Humano**

Riane Eisler: **O Cálice e a Espada**

Jacques Lusseyran: **Memórias de Vida e Luz**

Wilhelm Reich: **Análise do Caráter**

Wilhelm Reich: **A Função do Orgasmo**

Peace Pilgrim: **Sua Vida e Trabalho em suas Próprias Palavras**

Michael Talbot: **O Universo Holográfico**

Apenas disponíveis em inglês:

Dieter Duhm: **The Sacred Matrix****

Dieter Duhm: **Eros Unredeemed**

Dieter Duhm: **Future without War**

Sabine Lichtenfels: **Grace – Pilgrimage for a Future without War**

Sabine Lichtenfels: **Sources of Love and Peace**

Sabine Lichtenfels: **Temple of Love**

* Este livro encontra-se disponível gratuitamente em:
www.towards-a-new-culture.org
** Também disponível em espanhol

Madjana Geusen (Ed.): **Man's Holy Grail is Woman**

Satprem: **On the Way to Supermanhood**

Sepp Holzer: **Desert or Paradise?**

Viktor Schauberger: **Nature as Teacher: New Principles in the Working of Nature**